目　录
CONTENTS

第一章　生活服务

01 记忆织物修复……………………………………2

02 代际生活助手……………………………………7

03 老年陪伴服务…………………………… 12

04 "时光邮差"情感银行………………… 16

05 适老化家居微改造……………… 20

06 专属洗衣服务………………………… 24

07 出行接送服务………………………… 28

08 个性化理发美容服务………………… 33

第二章　健康管理

09 健康监测助手…………………………………38

10 睡眠改善…………………………………………43

11 慢性病饮食定制…………………………………48

12 家庭康复训练指导 …………………………………… 53

13 营养餐配送服务 ……………………………………… 59

第三章 社交娱乐

14 怀旧主题茶话会 ……………………………………… 65

15 养生剧本杀 …………………………………………… 70

16 电竞俱乐部 …………………………………………… 75

17 短视频创作营 ………………………………………… 80

18 读书会 ………………………………………………… 85

19 康养主题短途游 ……………………………………… 91

第四章 技能变现

20 手工艺品代售 ………………………………………… 98

21 非遗技艺传承班 ……………………………………… 104

22 老年人才中介 ………………………………………… 109

第五章 设备服务

23 二手辅具租赁 ………………………………………… 117

24 助浴快闪车 …………………………………………… 122

银发经济

从需求到落地的八大创业场景

夏梓郡◎著

沈阳出版发行集团
Ｍ 沈阳出版社

图书在版编目（CIP）数据

银发经济：从需求到落地的八大创业场景 / 夏梓郡
著 . -- 沈阳：沈阳出版社，2025.7. -- ISBN 978-7
-5716-5202-9

Ⅰ . F126.1

中国国家版本馆 CIP 数据核字第 20253P2T85 号

出版发行：沈阳出版发行集团 | 沈阳出版社
　　　　　（地址：沈阳市沈河区南翰林路 10 号　邮编：110011 ）
网　　　址：http://www.sycbs.com
印　　　刷：三河市兴达印务有限公司
幅面尺寸：170mm × 240mm
印　　　张：12
字　　　数：130 千字
出版时间：2025 年 7 月第 1 版
印刷时间：2025 年 7 月第 1 次印刷
责任编辑：王冬梅
封面设计：鲍乾昊
版式设计：雷　虎
责任校对：张　磊
责任监印：杨　旭

书　　　号：ISBN 978-7-5716-5202-9
定　　　价：59.80 元

联系电话：024-24112447
E-mail：sy24112447@163.com

第六章 文化情感

25 节日活动策划·······················128

26 人生回忆录拍摄·····················133

27 遗忘抵抗计划·······················138

28 银发旅拍服务·······················143

第七章 轻资产创业

29 适老化产品测评·····················149

30 老年社群团购·······················154

31 养老金规划咨询·····················159

32 老年网红孵化营·····················164

第八章 科技应用

33 AI语音陪伴机器人···················171

34 AI中医舌诊·························177

35 防丢失手环·························182

第一章 生活服务

生活服务

01 记忆织物修复

02 代际生活助手

03 老年陪伴服务

04 "时光邮差"情感银行

05 适老化家居微改造

06 专属洗衣服务

07 出行接送服务

08 个性化理发美容服务

01 记忆织物修复

李阿姨：最近整理衣柜，发现了我年轻时的婚纱，现在已经发黄了，真让人心疼。

王大妈：我也有件老毛衣，是我老伴给我织的，都破了，可我还是舍不得扔。

李阿姨：这些旧物真的是承载了好多回忆，想修复都没地方。要是有人能修复这些该多好！

王大妈：对啊，修复这些"记忆织物"，让它们恢复原样，真是个好主意！

李阿姨：我也想到了，得去查查，看看能不能做成一项修复服务。

▶ 市场机会

1.老年人越来越多，他们更看重"情感刚需"

人年纪越大，越容易念旧家里压箱底的婚纱、孩子小时候的衣物、祖辈留下的绣品，这些"老物件"对年轻人来说可能只是旧物，但对老人却是承载回忆的"宝贝"。调查发现，近九成老人觉得这些织物是家族亲情的象征，看到它们破损会心疼难受。可惜现在市面上修衣服、补被子的服务，大多只管"补窟窿"，根本不懂老人心里真正在意的"情感价值"。

2.修旧如旧，是个技术活也是"走心活"

如今街边的裁缝店，修普通衣服还行，但遇到精细的刺绣、蕾丝、老布料，十次有六次修不好。更关键的是，老人们常常抱怨："师傅只会问'补哪儿'，从来不问'这衣服有什么故事'。"结果，老物件因为修不好或修得"没那味儿"，最后只能扔掉，很多老人说："东西一丢，感觉和过去的人、过去的事，连着的线就断了。"

▶ 一步步开启业务

1.掌握基本技能

织物修复不是简单的"补丁"工作，它需要细致的手工技艺和对不同布料的深刻理解。学习织物修复的基本技能至关重要，可以通过参加相关的手工艺课程，或者向经验丰富的修复师学习，掌握如何修补衣物的破损、如何调整褪色、如何重新编织裂纹等技巧。

2.设立修复工作室

你可以在家中设立一个小型的修复工作室，配备所需的工具与设备，如修补机、专业针线、染料和纺织工具等；也可以选择租赁一个小店铺，尤其是在一些有较多老年人群体的社区周边，可以接触更多潜在的客户。

3.打造情感化服务

记忆织物修复是物理上的修复，更是情感上的治愈。在营销过程中，注重老人的情感诉求是非常重要的。你可以通过案例故事或客户的真实感言来展示修复效果，强调你不仅在修复织物，更是在修复珍贵的回忆。

4.定制化服务与价格策略

每一件"记忆织物"都是独一无二的，提供定制化服务非常重要。你可以通过线上预约和线下服务相结合，通过小程序上传织物照片预评估损伤程度，制定不同的修复方案和报价。针对一些特殊的客户需求，如将织物修复后增添个性化设计（比如绣花、染色），这也是提升客单价和业务多元化的一个方法。

⊙ 客户获取

1.与社区合作

与老年活动中心合作"织物故事会",邀请老人携带待修复衣物参加。现场设置老式缝纫机、布料样本展示区,由修复师边修复边讲解衣物保养知识。

联合居委会开展"传家宝抢救计划",针对军装、婴儿襁褓等特殊织物,提供加急修复通道。

2.在线平台推广

利用朋友圈展示修复过程和修复效果图,定期发布与"记忆织物"相关的内容,可以吸引到老年客户。

抖音账号运营"布言布语"系列,用微剧情展示修复过程。

3.搭建怀旧主题快闪店或公益计划

在商场、文化街区或老年社区举办短期快闪店,布置成"记忆博物馆",展示修复前后的对比案例(如婚纱、军装、绣品等)。

发起"百件记忆织物免费修复"公益计划,通过媒体征集有特殊故事的旧物(如抗美援朝军装、知青棉袄等)。

⊙ 温馨便利贴

在修复过程中,注意与客户建立良好的沟通,了解每一件织物背后的故事和情感价值,可以帮助你为客户提供更精准的修复服务。

修复过程中,时刻保持专业的态度,使用高质量的材料,确保修复效果的持久性和美观度。

提供细致的售后服务，比如维护保养建议或定期检查，以增加客户黏性。

02 代际生活助手

张阿姨：小李啊，我家孙子老让我用微信给他发红包，可我总是弄不明白，每次都得麻烦他，结果他还嫌我笨。

小李：阿姨，这个很简单的，我教您一步步来，先打开微信，然后点右下角的"我"……

张阿姨：哎呀，你说慢点，我得拿个本子记下来，不然一会儿又忘了。

小李：阿姨，其实现在很多老人都遇到过这些问题，要不我开个"代际生活助手"服务，专门教大家用手机、网上购物、拍短视频，还能帮忙预约医院、打车啥的？

张阿姨：这主意不错！像我们这个年纪的人，啥都得学，可又不好意思总麻烦孩子，要是有年轻人专门教，还能陪我们聊聊天，那就太好了！

▶ 市场机会

1.银发族的"数字鸿沟"需求

现代科技发展迅猛，智能手机、社交媒体、移动支付等已成为年轻人的日常，但对于很多老年人来说，这些新技术却是"难以逾越的鸿沟"。他们想学但没人教，或者学了就忘，导致在数字化社会中频频受挫。例如，很多老年人不知道如何线上挂号、不会网上购物，甚至连打车软件都不会使用。因此，市场上亟需一种"个性化、一对一"的数字助手服务，帮助老年人更好地融入现代生活。

2.两代人互动需求强烈

许多年轻人因为工作繁忙，无法长时间陪伴家中的长辈，而长辈们又渴望与年轻人交流，获取新鲜资讯。代际生活助手不仅可以帮助老人解决实际问题，还能促进两代人之间的互动，让年轻人通过服务获得额外收入。同时，也让老人感受到陪伴和关爱。

3.低门槛、高需求、可持续发展

相较于其他创业项目，代际生活助手的启动门槛较低，不需要昂贵的设备和复杂的技术，只须具备基本的数字技能和良好的沟通能力即可。而且，这项服务的需求是长期存在的，市场规模将随着老龄化的加剧不断扩大，具备可持续发展的潜力。

▶ 一步步开启业务

1.建立技能培训体系

年轻人虽然熟悉数字化工具，但不一定知道如何用老年人能理解的方式去教授。创业初期可以组织一批有耐心的年轻人进行培训，学习如何用通俗易懂的方式教老年人，比如如何简化讲解步骤、如何用案例演示等。

2.提供灵活的服务方式

代际生活助手的服务可以多样化，包括上门辅导、视频教学、电话指导等。创业者可以设立一个平台或小程序，让老年人能方便地预约服务，或者直接在社区设立线下服务点，提供面对面的帮助。

3.制定合理的收费模式

业务初期可以采用低收费或免费试用模式吸引客户，比如提供首次免费教学，后续按小时或按服务次数收费。同时，还可以推出会员制，让老年人按月或按年支付一定费用，享受定期的技术支持和陪伴服务。

4.寻找合作资源

可以与社区、老年大学、养老机构等合作，开展技术辅导课程，提供免费讲座，让更多老人了解并接受这项服务。此外，也可以对接公益组织，争取政策补贴，提高业务的可行性。

▶ 客户获取

1.社区推广

在社区设立"智能生活体验日"，让老年人现场体验如何用手机叫车、购物、缴费等，提高他们的兴趣。

在养老院、老年活动中心等地设立"代际助手服务站"，定期安排年轻志愿者进行指导。

2.线上渠道推广

在小区电梯或者超市等人流密集区域张贴宣传单，附上联系电话和预约二维码。

鼓励老年人加入技术学习群，由服务人员定期组织茶话会和教学小课堂，提升老人的参与度。

3.口碑营销

鼓励已接受服务的老年人推荐身边的朋友，并给予推荐奖励，比如下一次服务享受折扣或赠送额外的教学内容。

开展"代际共学"活动，邀请老年人带着家人一起学习，共同体验科技的乐趣，形成口碑传播效应。

▶ 温馨便利贴

保持耐心，尊重老人节奏。老人学习新事物的速度较慢，重复讲解是常态，服务过程中要保持耐心，避免用过于专业的术语，尽量用"手把手"示范的方法教学。

注重隐私和安全。在帮助老人设置支付密码、注册账号时，要提醒他们注意信息安全，防止诈骗或隐私泄露。同时，不要随意操作老年人的手机或账户，确保他们对所有操作都知情。

提供个性化服务。每位老人的需求不同，有的想学拍视频，有的想学网购，有的只是想知道如何使用微信。在服务时要根据他们的具体需求定制教学内容，而不是"一刀切"地教授同样的技能。

03 老年陪伴服务

刘大爷：小孙，我最近真觉得日子好孤单，每天一个人待着，连说句话的伴儿都没有。

小孙：大爷，我听说有个"老年陪伴服务"，专门为咱们老人提供温暖的陪伴，不论是聊天、散步还是一起回忆过去，都能让您不再寂寞。

刘大爷（眼中闪过期待）：真的吗？有了这样的服务，我就不用每天独自守着老房子了，还能认识些朋友，多热闹啊！

小孙：是啊，这项服务不仅可以缓解我们的孤独，还能让老人们的生活更丰富，心情更愉快。大爷，我马上帮您报名试试！

▶ 市场机会

1.促进心理健康和社会支持

长期孤独容易导致老人出现抑郁、焦虑等心理健康问题。通过定期的情感交流和陪伴，老年陪伴服务不仅有助于改善老人的心理状态，也能增强家庭与社区之间的联系，构建温暖的社会支持网络。

2.灵活多样的服务模式

老年陪伴服务可以采用上门陪伴、集体活动、线上互动等多种形式，既适应不同老人的生活习惯，又具备较低的运营成本和广阔的市场前景，适合各类社会组织和创业团队推广。

▶ 一步步开启业务

1.培养专业陪伴技能

服务人员需接受心理疏导、情绪管理以及急救等相关培训，学会如何倾听老人心声、进行有效沟通，并掌握基本的心理辅导技巧，确保在陪伴过程中能够敏锐捕捉老人的情绪变化。

2.组建专业陪伴团队

邀请具有爱心、耐心的志愿者和专业社工，建立一个多元化的陪伴团队。团队成员之间需定期交流心得、分享经验，以不断提高整体服务质量。

3.设计多样化陪伴模式

根据老人的身体状况和兴趣爱好，规划出上门陪伴、社区活动和线上互动等多种服务模式，特别针对行动不便或偏爱宅家生活的老人，可开发专属的电话或视频陪伴方案。

4.构建服务预约平台

搭建一个简单易用的预约系统或小程序，让老人及其家属能够方便地查询、预约和反馈服务情况。同时建立完善的服务评价体系，及时调整和优化服务流程。

▶ 客户获取

1.社区推广与合作

与社区服务中心、老年大学、养老院等机构合作，开展"温情陪伴体验日"活动，让老人现场感受陪伴服务的温暖。

联合居委会、志愿者组织等力量，通过线下宣传、海报张贴等方式推广服务项目。

2.线上宣传与社交媒体

利用微信公众号、抖音、快手等平台，发布真实的陪伴故事和温馨瞬间，吸引老年群体及其子女关注。

开设专题论坛或交流群，邀请已体验服务的老人分享心得，通过口碑传播扩大影响力。

3.家庭推荐与口碑营销

鼓励老人的家属推荐服务，通过奖励机制（如折扣、赠送服务时长等）提升客户转介绍率。

定期举办"家庭共话"活动，邀请老人及其家属参与互动，增强服务信任度和满意度。

▶ 温馨便利贴

服务过程中一定要耐心倾听，尊重老人的生活习惯和个性需求，切忌急躁或形式化。

陪伴人员须严格遵守安全操作流程，尤其在上门服务时，要注意双方的安全，确保环境舒适。

保持沟通记录，定期回访，及时收集老人及家属的反馈意见，以便不断改进服务质量。

04 "时光邮差"情感银行

赵爷爷：老周啊，你看这些信，还是我当年在边疆当兵时，战友们互相写的。现在人走了大半，信也脆得不敢碰……唉，留着占地方，丢了又舍不得。

周奶奶：我比你更糟！孙女翻我柜子，看到她爸小时候给我写的生日贺卡，居然说"这破纸留着干吗"，差点给我扔了！现在的孩子，哪懂这些纸片的分量？

小林：赵爷爷，您这信纸边角都裂了，用档案袋装着也怕受潮吧？周奶奶，您孙女的贺卡要是能变成手机里会"说话"的电子相册，她会不会愿意看？

赵爷爷：电子相册？我们这些老骨头可搞不懂。

▶ 市场机会

1.情感记忆的珍藏需求

现代社会节奏加快，人与人之间的情感交流逐渐稀薄，而老一辈人对书信、手写日记等情感载体有着特殊的情感依托。

2.数字化转型与传统情感的结合

在信息技术飞速发展的今天，很多传统文化和情感表达方式正面临被遗忘的风险。将传统书信通过数字化方式整理、保存，既能延续情感记忆，又能让年轻一代感受到那份历史的温度，市场潜力巨大。

3.个性化服务与情感传递

每封信都有独特的故事和情感内涵，情感银行的服务不仅是存档，更在于通过精心整理、背景讲解等方式，实现情感传递和再创造，满足老年人和后代对历史和情感的双重需求。

▶ 一步步开启业务

1.整合书信数字化技术与情感策划

业务启动需要整合扫描、文字识别、图像处理等数字化技术，并结合情感策划，通过编辑、设计和故事重构，打造一套完整的服务体系。

2.组建专业编辑与情感顾问团队

邀请擅长文史整理、情感辅导的专家和有故事感悟的编辑人员，共同为客户提供个性化情感档案整理服务。

3.建立线下体验及工作室

可以在社区或文化中心设立实体体验点，让客户现场体验书信整理、数字化存档的全过程，感受情感重现的魅力。同时，展示成功案例以增强信任感。

4.制定灵活多样的服务套餐

根据客户需求设计多种服务模式，比如基础数字存档、情感重构、定制情感纪念册、互动式电子书信展示等，多层次满足老人不同情感需求与消费能力。

▶ 客户获取

1.社区文化推广与合作

与社区文化活动中心、老年大学合作，举办"时光邮差"情感故事分享会，让老人现场展示和讲述自己的老信件故事。

联合地方图书馆或文化馆开展情感记忆展览，吸引更多老人关注并体验服务。

2.线上平台宣传

利用微信公众号、抖音、快手等平台发布情感银行的整理过程和感人故事视频，营造温情氛围。

建立官方网站和小程序，提供在线预约、案例展示以及客户互动交流，方便家属和老人在线获取信息。

3.口碑营销

鼓励老年人借助亲友口碑传播信任感。

推出客户分享活动，如"我和老信的故事"，邀请客户录制短视频或撰写情感文字，形成良好的品牌社群效应。

▶ 温馨便利贴

尊重每位客户的情感隐私，所有信件内容和个人故事都应严格保密，未经许可不得外传。

在数字化过程中，要确保技术和设备的安全，保证老信件的原貌与情感内涵得到准确还原。

服务过程中应注重情感交流，耐心倾听客户讲述背后的故事，切实传达温情关怀。

05 适老化家居微改造

陈伯：说了不用改！这马桶我用三十年了，闭着眼都能摸到！装什么扶手、防滑砖，纯粹浪费钱！

女儿：爸！上个月您滑倒撞到水箱，缝了五针！要不是邻居听见呼救……

小方：陈伯，您看这瓷砖缝全是黑霉，底下早就空了，这种老式釉面砖遇水就是溜冰场。

陈伯：折腾！你们把砖撬了，回头漏水到楼下老张家，他非上来拼命不可！

小方：您瞧，这是上周给7栋刘奶奶家改的，全程没敲墙，旧砖直接覆盖新基材。

▶ 市场机会

1.老龄化需求带来的家居安全隐患

随着老龄化社会的到来，越来越多的老年人面临居家环境安全问题。调查显示，一定数量的老人家中存在安全隐患，如楼梯、浴室等区域的改造迫在眉睫。适老化家居微改造服务正好满足这一现实需求。

2.经济实惠的改造模式

相较于大规模装修，适老化家居微改造只需针对关键区域进行小幅度调整，既降低了成本，又能迅速见效。这种"微改造"模式符合老年人希望在短时间内改善居家环境、提升生活安全性的需求。

3.政策支持与市场潜力

随着各地政府对老年人居家安全重视度不断提高，相关补贴政策和标准陆续出台，为适老化家居改造提供了政策保障和市场红利，具备较大的发展潜力。

⊙ 一步步开启业务

1.评估与规划

对老年人的居住环境进行安全评估，识别出存在的主要隐患，如楼梯、浴室、走廊等区域。根据评估结果制定改造方案，确保既符合安全标准又兼顾美观。

2.整合专业团队

组建一支由家居设计师、施工团队和安全检测专家组成的专业团队，确保改造过程中从方案设计到施工质量均达到老年人的特殊需求。可通过与社区服务中心或家居改造公司合作，快速组建团队。

3.技术与材料选择

采用符合安全标准的防滑地砖、防水材料、扶手及照明设备等，确保改造后的居家环境既安全又舒适。要对市场上各类适老化产品进行调研，选择性价比高、口碑好的产品进行改造。

4.服务流程设计

建立标准化服务流程，从预约上门评估、方案设计、材料采购、施工改造到售后回访，确保每个环节都能满足老年人对安全和品质的要求。同时，可设计套餐服务，满足不同客户需求。

▶ 客户获取

1.社区与居委会合作

与社区服务中心、老年活动中心及居委会合作，举办适老化家居安全讲座和体验活动，让老人直观了解改造效果。

在社区张贴宣传海报，利用小区公告栏及宣传单页等方式进行推广。

2.线上渠道推广

利用微信公众号、抖音、快手等平台发布改造案例视频和老人真实反馈，吸引潜在客户。

建立官方网站或小程序，提供在线预约、案例展示和咨询服务，方便老年人及家属了解改造详情。

3.口碑营销

鼓励已经改造成功的老人通过口碑推荐新客户，制定家庭推荐奖励政策，形成良性循环。

举办"家居改造体验分享会"，邀请客户现场分享改造后的安全体验和生活改善，增强品牌信任度。

▶ **温馨便利贴**

服务前务必与老人详细沟通，充分了解其居家安全隐患及改造需求，避免一刀切的标准化改造。

施工过程中要严格遵守安全施工规范，确保每一项改造都切实提升家居安全性，并保障施工质量。

在推广过程中，要明确告知改造方案及相关费用，杜绝隐性收费，确保服务透明、公正，让老人和家属放心选择。

06 专属洗衣服务

王大爷：张大妈，我这衣服老是洗了又皱，还总染上别人衣服的颜色，真烦人！

张大妈：大爷，您试过那个专属洗衣服务吗？听说他们不仅洗得干净，还能针对老年人衣物的特殊需求，照顾布料和颜色呢。

王大爷：专属洗衣服务？怎么个"专"法？

张大妈：就是根据我们的衣物情况定制洗涤方案，用专门的洗衣机和洗涤剂处理，可以去污保色，还能保护衣物不受损害。更贴心的是，还可以帮忙叠好送回家呢！

▶ 市场机会

1.老年群体对衣物保养的需求

老年人对衣物的要求不仅是清洁，更注重保护和保养。许多老年人拥有具有纪念意义的衣物，他们希望在洗涤过程中能尽可能保持原有的质感和颜色，避免因洗涤不当而造成损伤。

2.专业洗衣服务的市场空白

当前市场上大部分洗衣店主要面对大众消费群体，往往采用统一标准，难以兼顾老年人衣物的特殊需求。专属洗衣服务通过定制化洗涤方案，满足老年人对细致护理和个性化需求的渴望，市场潜力巨大。

3.提高生活品质的情感诉求

对于很多老人来说，衣物已经不仅是生活必需品了，更承载着老人的情感记忆。专业而贴心的洗衣服务能让他们感受到被尊重和关爱，从而提升整体生活品质，迎合老年人追求高品质晚年生活的趋势。

▶ 一步步开启业务

1.专业设备与技术储备

建立专属洗衣服务首先需要引进高质量、适合细致护理的洗衣设备，选择环保且针对性强的洗涤剂，并培训技师掌握老年衣物的特殊洗护技巧，确保洗涤过程中既能彻底清洁，又能保护衣物纤维和颜色。

2.制定定制化服务方案

根据老年人衣物材质和保养需求，设计多种洗涤模式，如轻柔洗、色彩保护洗、抗皱护理等，可以通过初次上门评估或线上问卷，了解客户的具体需求后，提供个性化洗护方案。

3.建立流程标准化体系

从上门取衣、洗涤护理到衣物送回，建立一套标准化服务流程。每个环节都应严格把关，确保服务质量和时间准确性。同时，提供售后反馈渠道，及时解决客户疑问。

4.打造品牌形象与服务保障

设计统一的服务标识和包装，让老年人感受到专业和信赖。建立服务承诺和质量保障机制，如洗后不满意可重新处理或部分退款，增强客户信心。

⊙ 客户获取

1.社区及老年活动中心推广

与社区、老年大学、居委会等机构合作，举办"专属洗衣体验日"活动，让老人现场体验专业洗衣服务的优质效果。

在社区宣传栏、老年活动中心张贴宣传海报，分发服务优惠券，吸引老年客户试用服务。

2.线上渠道与亲属推荐

借助微信公众号、抖音、快手等平台发布专业洗护案例视频和客户真实评价，展示服务优势。

鼓励老年人亲属通过口碑推荐，设置推荐奖励，如每成功推荐一位新客户，即可获得一定的优惠服务或赠送洗衣服务时长。

3.联合家政及健康服务平台

与家政服务、健康护理等相关平台联合推广，借助现有渠道获取目标客户。同时，将洗衣服务与其他老年生活服务打包销售，形成一站式解决方案，提升客户转化率。

▶ 温馨便利贴

建立客户反馈机制，及时收集和处理老人使用过程中遇到的问题，不断优化服务流程，提升客户满意度。

服务前需与客户详细沟通，了解衣物的特殊护理要求，如有纪念意义的衣物要特别注明，避免误洗或损坏。

定期对设备、洗涤剂进行质量检测，确保使用环保、无刺激性且效果显著的产品，保障老人健康。

07 出行接送服务

网约车司机：尾号3281？赶紧上车啊！这儿不能停！

周叔：小伙子你往边上靠靠！这马路牙子有半米高，我腿脚不利索……

司机：又不是残疾人车！你从后备厢绕过来！

老陆：周叔对吧？您环着我脖子，我数三下咱就"坐电梯"，一、二、起！

周叔：你这力气……

老陆：我以前是骨科护士，转运病人练出来的。咱们今天去市立医院对吧？我绕开高架积水段走滨江路，多七分钟但少三个红灯，您心脏受不了急刹。

▶ 市场机会

1.老年人出行需求的增长

老年人就医、探亲、社交等出行需求显著增加，但传统网约车、出租车服务往往缺乏适老化设计（如车辆高度、上下车辅助、路线规划等），导致老年人乘车不便甚至存在安全隐患。

2.家庭子女的"远程关怀"需求

许多子女因工作无法陪同父母出行，但对老年人独自打车心存担忧。提供实时行程共享、紧急联络、上下车协助等服务，能解决子女的后顾之忧，形成差异化竞争力。

3.政策与社会关注的助力

政府和社区对老年人出行问题日益重视，相关补贴和政策不断出台，为此类服务提供了政策支持和市场推广机遇。同时，也促进了社会对老龄化服务的关注和投入。

4.医疗出行场景的刚需性

老年人高频往返医院（如透析、复诊等），但普通网约车司机缺乏医疗知识，无法应对突发状况。若服务团队包含护理背景人员，或与医疗机构合作开通"就医绿色通道"，将大幅提升用户黏性。

▶ 一步步开启业务

1.组建专业接送团队

挑选具有丰富驾驶经验和良好服务态度的司机，并对其进行老年人服务礼仪、紧急救援及心理疏导等培训，确保在接送过程中既安全又贴心。

2.采购适老化车辆

选择配置舒适、配有无障碍设施的专用车辆，确保车辆定期保养和安全检测，满足老年人出行需求。车辆内可配置温馨提示及急救设备，提升服务安全性和信任度。

3.设计标准化服务流程

从预约、接送到送达，制定详细的服务流程，建立预约系统和客服中心，确保每个环节都有专人负责。服务流程中要包含上门协助、途中照看以及目的地引导等环节，确保老人全程安心。

4.构建合作与监管机制

与社区、医院、老年活动中心等机构建立合作关系，共同推广出行接送服务。

建立内部监管和客户反馈机制，及时发现并改进服务中存在的问题，确保服务质量不断提升。

▶ **客户获取**

1.社区宣传与合作推广

与社区服务中心、养老院、老年大学等合作，开展"安全出行体验日"活动，让老人现场体验接送服务的便捷与安全。

利用社区公告栏、居委会宣传单及老年人微信群等渠道，向目标客户群体推广服务项目。

2.线上平台与社交媒体推广

利用微信公众号、抖音、快手等平台发布接送服务的温馨故事和真实案例，吸引老人及其子女关注。

在老龄化相关论坛和APP上开展专题宣传，展示服务优势和客户好评，增强品牌影响力。

3.口碑营销

鼓励已使用服务的老人推荐新客户，实施推荐奖励政策，如赠送免费接送次数或优惠券等。

举办"幸福出行分享会"，邀请客户讲述使用体验，通过口碑传播树立良好品牌形象。

▶ **温馨便利贴**

服务过程中务必保持耐心和细致，确保老人出行前、出行中和到达后的每个环节都能获得贴心照顾。

积极参与社区和公益活动，推广智能健康管理理念。

与政府、企业及社会组织合作，推动智慧养老和绿色健康管理的普及，提升品牌社会影响力。

接送人员须严格遵守安全操作规范，确保行车安全，做好老人上下车时的辅助工作，杜绝安全隐患。

定期对车辆和设备进行安全检测和维护，确保车辆内部设施符合适老化要求，为老人提供舒适安全的出行体验。

08 个性化理发美容服务

学徒小美：阿姨，色板上的"葡萄酒红"就是这个效果……可能是您白发底色太浅，显色度高了点……

王阿姨：我明天要去参加学生毕业典礼！顶着一头火龙果色，孩子们还以为我疯了！

店主阿杰：您看，其实发根过渡得很自然，只是镜面反光让颜色显亮。我用AR技术给您叠加几种造型扎低马尾配珍珠发夹，颜色会沉淀下来。或者戴顶米色贝雷帽，只露出刘海，就是时髦的"藏彩"风格。

王阿姨：当年我偷偷用凤仙花染指甲，被校长批评"不像老师"……

▶ 市场机会

1.老年人对形象重视的提升

随着生活水平提高和社交需求增加，越来越多的老年人开始注重个人形象管理，不再满足于简单的"剪短就行"，而是追求发型、发色、妆容的个性化设计。退休后参加同学聚会、子女婚礼、旅行拍照等场景增多，老年人希望通过得体的造型展现精神面貌，甚至尝试年轻化、时尚化的风格。

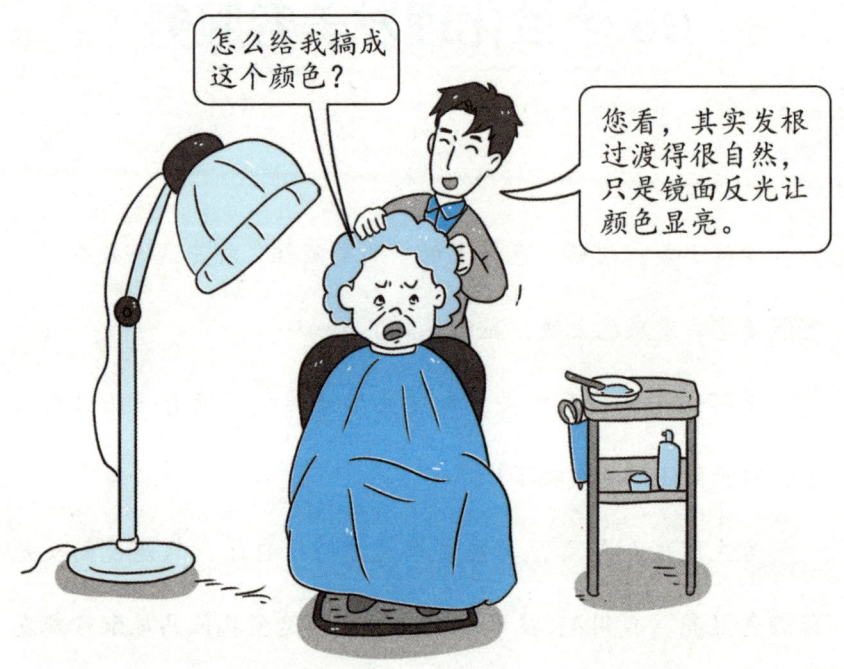

2.服务细分市场的空白

现在的理发店多以大众化、流水线作业为主，难以满足老年人对个性、温馨和专业护理的需求。个性化理发美容服务可以针对老年人特有的发质和皮肤问题，还可以注重老人时尚美学的融合，填补了这一细分市场的空白。

3.品牌与情感体验的双重驱动

老年消费者在选择理发美容服务时，更注重服务体验和情感共鸣。通过个性化服务模式，可以提升老年人的自信与满足感，还能塑造品牌的独特情感价值和口碑效应，形成长期稳定的客户群体。

▶ 一步步开启业务

1.整合专业团队与技能培训

组建由具有丰富老年理发、美容经验的美发师、美容师和形象设计师组成的专业团队。定期开展针对老年人发质、皮肤护理及时尚造型的专业培训，确保每位技师都能精准把握老年客户的需求。

2.制定个性化服务方案

根据客户的面部特征、发质状况及个人喜好，设计量身定制的理发造型与美容护理方案。服务内容可以涵盖头发剪裁、染发、护理、皮肤保养以及整体形象设计等多项内容。

3.设立舒适时尚的服务空间

打造一个既舒适又充满时尚气息的理发美容环境，可以选择在社区、商场或独立店铺内设立专属美容工作室。室内装潢要温馨、明亮，充分考虑老年人活动的便利性和安全性。

4.构建标准化服务流程

建立从预约、服务到售后回访的标准流程。线上线下均可预约，通过详细的客户档案记录每次服务效果，并根据客户反馈不断优化服务方案，确保每次体验都达到预期效果。

▶ 客户获取

1.社区推广与活动营销

与社区服务中心、老年大学、老年活动中心合作，定期举办"美丽同行"活动,让老年人现场体验个性化造型和美容护理。

在社区公告栏、老年人微信群及居委会宣传单上发布优惠信息和成功案例,吸引目标客户。

2.线上宣传与社交媒体运营

通过微信公众号、抖音、快手等平台发布理发美容过程视频、客户真实反馈和前后对比照,展示服务效果。

搭建品牌官网或小程序,提供在线预约、客户互动和形象咨询,方便老年人及其子女了解和选择服务。

3.家庭推荐与口碑营销

鼓励老年客户通过口碑推荐,推出"老带新"活动,推荐新客户成功即可获得免费护理或优惠券等。

定期举办"美丽见证会",邀请客户分享理发美容体验,增强品牌影响力和信任度。

▶ **温馨便利贴**

服务过程中需充分尊重老年客户的个性与需求,沟通时耐心细致,确保设计方案符合客户期望。

美发美容师应注重安全操作,使用专业、无刺激性产品,确保理发和美容过程中老年人舒适无忧。

定期回访客户,了解服务满意度和需求变化,持续改进服务质量,建立长期的客户信任和品牌忠诚度。

第二章　健康管理

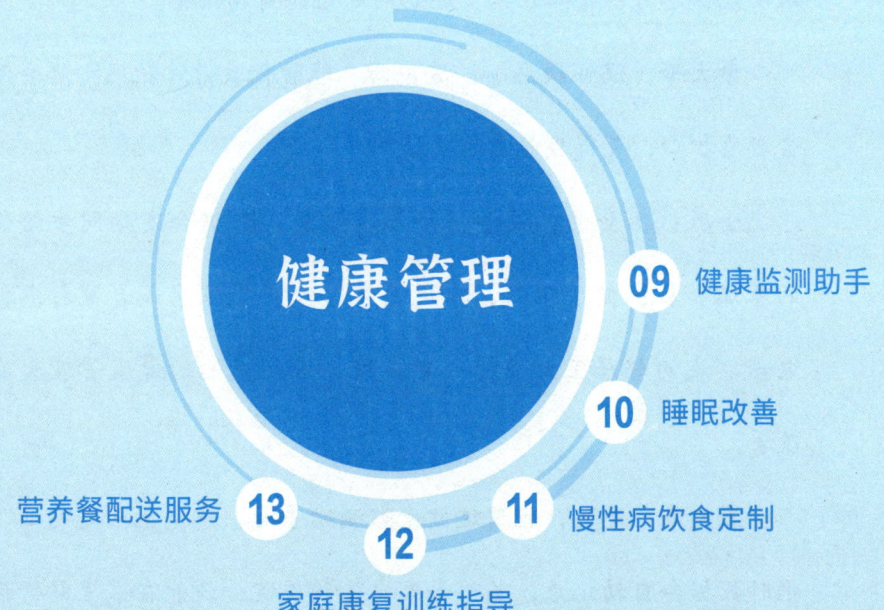

健康管理

09　健康监测助手

10　睡眠改善

11　慢性病饮食定制

营养餐配送服务　13

12

家庭康复训练指导

09 健康监测助手

李大爷：小敏啊，我这身体老了，总感觉哪里不对，但又不敢老是去医院做检查，你说怎么办？

小敏：李大爷，现在有个"健康监测助手"的服务，可以在家中实时监测血压、心率和血糖等指标，还有跌倒预警和异常提醒功能，您可以安心在家，遇到问题还能自动报警。

李大爷（满怀疑惑）：这东西真能管住我身体状况？那会不会我总担心，弄得我越看越紧张？

小敏：不会的，设备设计非常智能，数据会定期同步给您的家属和社区健康中心，出现异常时才会提醒您或者拨打急救电话。我的邻居王大爷就一直在用，医生说他的健康管理大有改善。

王大爷：是啊，我用这健康监测助手后，感觉生活更安心。平时数据会自动记录，不用每天自己跑医院，还能在家里舒舒服服地休息。

▶ 市场机会

1.人口老龄化背景下的迫切需求

我国人口老龄化不断加剧，越来越多的老人希望在家中实现实时健康管理和紧急救援。传统医疗模式难以覆盖家庭日常健康监控的需求，"健康监测助手"以其实时数据监控、个性化预警和便捷操作等特点，正好填补了这一市场空白。

2.科技普及与智能设备成熟

近年来，智能穿戴设备和物联网技术迅速发展，价格不断下降、使用体验不断提升。借助先进的传感器和大数据分析，"健康监测助手"能够持续跟踪老人的各项健康指标，提前识别潜在风险。与此同时，政府和社区对智慧养老的重视为这一业务提供了政策支持与市场推广的良好环境。

3.家庭与社区健康管理模式的变革

传统上，老人健康监测主要依赖医院或亲友的偶尔关怀，难以实现实时、连续的监控。"健康监测助手"不仅能够实时捕捉健康数据，还能将信息共享给家属、社区医疗中心以及应急服务体系，形成全方位的健康防护网络，满足当下老人及其家庭对安全与健康管理的双重需求。

▶ 一步步开启业务

1.核心技术与设备整合

启动健康监测助手业务，首要任务是整合先进传感器、无线通信技术和数据分析平台，你需要与医疗器械厂商、物联网技术供应商及软件开发团队紧密合作，打造一款既精准又易操作的健康监测设备。

2.专业团队组建与培训

业务开展需组建一支由医疗专家、工程师、客户服务及售后维护人员组成的团队。前期应该组织多场培训，重点讲解设备安装、数据解读和应急处置方案，确保团队在技术和服务上能满足老人及家庭的需求。

3.服务流程标准化建设

从上门安装调试、日常数据监控、异常报警到定期回访，需要制定一套标准化流程，包括设备安装指导、操作手册编写、数据安全保密协议等，确保每一位用户在使用过程中获得稳定、贴心的服务体验。

▶ 客户获取

1.社区及机构深度合作

积极与社区居委会、老年活动中心、养老院和社区医院等机构合作，举办健康体验讲座和免费检测活动。

通过现场演示设备使用和实际案例分享，让老人及其家属切身感受健康监测助手带来的安全保障。

2.线上平台宣传与推广

利用微信公众号、短视频平台、老年人论坛及社交媒体，发布产品使用教程、真实案例反馈和用户体验视频。

通过科普视频、直播问答等形式，降低老人对智能设备的陌生感，吸引更多目标用户关注和咨询。

3.合作推广与保险搭售

与保险公司、健康管理平台及医疗服务机构合作，设计联名套餐或增值服务，如定期体检、健康咨询等。

▶ 温馨便利贴

在设备使用过程中，务必重视老人健康数据的隐私保护，采用加密传输和严格权限管理，确保信息不外泄。可以与用户签订明确的数据使用协议，让老人和家属放心。

在产品设计和服务过程中，要充分考虑老年人的操作习惯和使用障碍。界面设计要简单直观，语音提示清晰友好。同时，设置24小时服务热线，及时响应疑问和紧急情况。

建立完善的紧急响应机制，在监测到异常数据时，系统应自动触发报警，并与家属、社区及急救中心实现快速联动，确保每一位用户在突发情况下能及时获得救助。

建议所有参与服务的工作人员定期接受医疗急救、心理疏导及设备操作等方面的培训，确保在实际操作中既专业又耐心，为老人提供温暖可靠的健康守护。

10 睡眠改善

张大妈：唉，这阵子怎么睡得这么差？半夜常常醒来，翻来覆去睡不着。

李大爷：我也是，连打个盹儿都没法安心。老感觉心里堵得慌，越躺越烦。

小玲：各位，其实失眠问题在咱们这个年龄段很普遍。最近我接触到一项"睡眠改善"服务，通过科学的睡眠监测与调理，帮助老人改善睡眠质量。

张大妈：睡眠改善？那具体怎么做呢？

▶ 市场机会

1.老年群体睡眠问题普遍

许多老人普遍面临睡眠质量下降、失眠多梦的问题。传统医疗主要侧重药物治疗，但往往存在副作用，难以长期改善。睡眠改善服务正好针对这一现状，满足老人对自然、科学调理睡眠的迫切需求。

2.健康管理与智慧养老的结合趋势

现代物联网、可穿戴设备和大数据技术已广泛应用于健康管理领域，借助这些先进技术，睡眠监测和调理可以实现实时、精准的数据采集与分析，为个性化健康方案提供依据。

3.全链条服务模式提升生活质量

睡眠改善不仅是对睡眠本身的干预，而是涵盖了环境优化、心理调节和生活习惯指导等全链条服务。通过专业化团队的联合运作，可以形成一个从监测到调理、从改善到回访的完整服务体系，不仅能提升老年人的睡眠质量，更能整体改善生活品质，进而提高市场竞争力和用户黏性。

▶ 一步步开启业务

1.技术与设备整合

你需要整合先进的睡眠监测设备，包括可穿戴传感器、智能床垫、环境监测仪等，通过无线连接将数据实时传送到中央数据平台。同时，技术团队需开发一套数据采集和分析系统，对睡眠时长、深睡时段、心率波动等指标进行智能判定，为后续调理提供科学依据。

2.跨专业团队建设

睡眠改善服务涉及医学、心理学、中医调理、营养学以及生活习惯指导等多领域，你可以邀请医院睡眠科专家、中医养生师、心理咨询师、营养师及健康管理师，共同组建跨专业服务团队。

3.定制化方案设计与试点推广

初期可选择老龄化程度高的社区进行试点，后续通过试点不断优化。可以将睡眠改善方案分为三大类型，可按需组合便于后期标准化扩展。

心理调适型：适用于因焦虑、孤独等情绪引发的睡眠障碍，可以开展晚间视频陪伴计划。

环境优化型：适用于因居住环境因素影响睡眠的老人，通过上门评估睡眠环境，引导老人调整作息，营造良好的入睡氛围。

综合调理型：针对身体虚弱、患有慢性病或作息紊乱的老人，由健康顾问跟踪指导，进行系统且持续的身心调理。

4.平台与系统建设

建立线上服务平台或APP，方便老人及其家属实时查看睡眠数据、接收健康建议、预约专家咨询和调整服务方案。同时，平台应具备数据安全和隐私保护功能，确保用户信息安全。后台系统还需支持数据的智能分析与预警功能，及时发现异常情况，触发相应应急措施。

▶ 客户获取

1.社区深耕与口碑营销

与社区服务中心、老年大学、养老院等机构密切合作，定期举办"健康睡眠体验日"和"睡眠改善讲座"，让老人现场体验产品效果，了解科学调理方法。

通过面对面互动，增强用户信任感，形成口碑传播效应。

2.线上推广与多渠道宣传

利用微信公众号、短视频平台（如抖音、快手等）以及老年人社交论坛，发布睡眠监测与改善的真实案例和用户反馈。

拍摄温馨、真实的改善故事视频，展示前后对比效果。同时，提供在线咨询与预约服务，降低用户体验门槛。

3.合作营销与跨界联动

与健康保险公司、医疗机构及健身中心合作，设计联合优惠套餐，如购买睡眠改善服务赠送一次体检或健康讲座，形成多重增值效应。

联合中医养生馆推出综合调理方案，吸引更多老年用户尝试。

4.家属推荐与会员体系

充分利用家庭成员对老人健康的关注，设计"家属推荐计划"，鼓励子女为父母报名体验，并给予一定的优惠或积分奖励。同时，建立会员制服务，提供定期健康回访、个性化调理方案更新以及专属客服支持，提升客户黏性和复购率。

▶ 温馨便利贴

睡眠改善方案涉及生活习惯调整和心理辅导，务必尊重老年人自身的习惯和感受。服务过程中应耐心倾听、详细记录用户反馈，避免过度干预，让调理过程既科学又温暖。

针对睡眠数据异常或突发健康问题，必须设立紧急联络机制，确保第一时间通知家属和医疗机构。平台应配备24小时客服和专业应急团队，确保每位用户在关键时刻得到及时救助。

建议定期回访用户，更新调理方案，并提供个性化的后续指导。通过定期跟进，及时调整策略，不断提高服务效果。

所有参与服务的工作人员都需定期参加专业培训，提升对老年人睡眠问题的认识和调理技能。

11 慢性病饮食定制

老李：我这糖尿病一直控制不好，平时吃什么都得小心翼翼，吃得索然无味。

老王：对，我高血压也不例外，医生建议要调理饮食，可市场上的那些"健康餐"又总是千篇一律，哪能符合咱们老人个性化的需求？

邻居小陈：二位，我最近刚参加了一个"慢性病饮食定制"服务，说是专门针对老人慢性病患者量身定做饮食方案。既有营养又兼顾口味，还能通过数据跟踪及时调整，听说效果非常不错。

老李：这听起来不错，到底怎么个定制法？

▶ 市场机会

1.慢性病患者日益增多带来的庞大需求

糖尿病、高血压、心脑血管等慢性病发病率不断攀升，许多老年患者由于饮食不当而使病情加重，而传统医院的饮食指导多以通用建议为主，难以满足个体差异化需求。慢性病饮食定制应运而生，提供个性化、科学且美味的饮食方案，填补了市场空白。

2.营养与健康理念深入人心

近年来，人们对健康饮食的关注不断增强，国家和地方相关部门也大力推广"健康中国"理念，鼓励科学膳食。饮食定制不仅可以帮助患者改善病情，还能预防慢性病的进一步恶化，顺应了全民健康管理的趋势，具有广阔的发展前景。

3.线上线下融合促进行业升级

随着互联网和物联网技术的发展，健康数据采集和管理越来越便捷。借助大数据分析和人工智能技术，慢性病饮食定制可以实现从健康评估、方案设计到动态调整的全流程管理，帮助患者更直观地了解自身健康状况和饮食效果。同时，线上平台与社区服务的紧密结合，使得这一服务模式更易推广和普及。

▶ 一步步开启业务

1.整合专业资源与技术平台

启动慢性病饮食定制业务，首先需要整合医疗机构、营养学专家及健康管理团队的资源，可以与医院、健康中心建立合作关系，利用他们的专业数据和临床经验，制定科学的评估体系和定制方案。同时，开发一个便于老人和家属使用的线上平台，实现健康数据上传、饮食记录和方案反馈的无缝对接。

2.建立详细的健康评估与饮食调研体系

业务初期，通过一对一健康评估，全面收集用户的身体状况、病史、饮食习惯及口味偏好，后续可以依托专家团队制定出基础模板，并根据用户具体情况进行个性化调整。定期进行健康追踪与饮食效果回访，根据检测数据不断完善和优化饮食方案。

3.设计标准化操作流程和定制化套餐

建立一套从健康评估、定制饮食方案、配送食材、烹饪指导到定期回访的全流程操作体系，可推出多档次套餐，如基础版、精致版和VIP定制版，以满足不同慢性病患者及家庭的需求。建议每一档套餐均需详细说明营养成分、食材来源及适用病种，让用户充分了解服务内容和价值。

4.借助数据与技术提升服务质量

利用可穿戴设备和智能家居产品，实时监测用户血糖、血压等健康指标，与饮食方案进行关联分析，实现数据驱动的动态调整。同时，利用人工智能技术进行个性化推荐，确保每一位用户都能享受科学且美味的饮食调理。

▶ 客户获取

1.社区健康讲座与体验活动

与社区卫生服务中心、老年大学及养老院合作，定期举办健康饮食讲座和现场体验活动。通过真实案例分享和互动演示，让老人及其家属直观了解定制饮食的优势和效果，现场还可设立试吃环节，让用户品尝专为慢性病患者设计的美食，增强体验感和信任度。

2.线上宣传与口碑营销

利用微信公众号、抖音、快手等社交媒体平台，发布专业饮食调理知识、营养师讲座和成功案例视频。

借助用户真实反馈和专家解读，打造口碑效应。

建立专属的用户社群，定期分享健康食谱、调理心得和饮食小贴士，形成持续的客户黏性。

3.联合医疗机构及保险公司推广

与当地医院、体检中心及健康保险公司开展联合推广活动，通过健康检查、饮食定制套餐和优惠折扣，吸引患者及家属体验服务，借助权威机构的背书，提升服务可信度和市场影响力。

4.家庭推荐与会员制度

设计"家属推荐计划"，鼓励用户介绍亲友共同参与，享受专属优惠。

建立会员制服务体系，提供定期健康回访、饮食方案更新及专属营养指导，增强用户长期黏性，形成稳定的客户群体。

> **温馨便利贴**

每位慢性病患者的健康状况和口味偏好各不相同，定制饮食方案时必须充分尊重用户的个性化需求。

所有食材必须严格把关，从源头确保无农药残留和添加剂污染。

定制的食谱应充分考虑营养均衡，既能满足疾病调理需要，又能保证口感和美味。

所有健康数据均应加密存储，明确告知用户数据用途，并签署相关协议，确保数据仅用于饮食调理服务，避免信息泄露。

根据用户的健康变化和饮食体验，不断调整和优化饮食方案，及时解决用户在服务过程中遇到的问题，提升整体服务满意度。

建议定期组织专业团队的培训和经验分享，涵盖最新的营养学研究成果和慢性病调理方法。

12 家庭康复训练指导

李阿姨：自从做了关节置换手术后，我总觉得体力大不如前，走几步就累，还怕跌倒。医生说要坚持康复训练，可一个人做起来又怕姿势不对，效果不好。

老张：我也是，做完手术后家里就找了康复训练指导，可那网上视频讲解太抽象，我看着总摸不着头脑。

社区康复训练指导师小刘：大家别急，我今天正好带来了"家庭康复训练指导"的新服务。这项服务不但有专业康复师上门指导，还能结合每位老人的身体情况，量身定制一套在家也能轻松执行的康复训练方案。

李阿姨：这样啊，那训练项目会不会太复杂？我担心自己练不来。

小刘：今天我就安排上门测评，后续再根据评估结果，为您定制详细的康复训练方案。

▶ 市场机会

1.老龄化背景下康复需求旺盛

越来越多的老人因手术后康复、慢性疾病及运动功能退化而需要专业的康复训练指导。与此同时，传统的康复中心由于资源和地域限制，难以满足分散在社区家庭中的老年群体需求，而家庭康复训练指导正好为这一细分市场提供了便捷、个性化的服务方案。

2.居家康复理念逐步深入人心

现代康复理念正逐渐向"居家康复"转变，既减少了老人往返医院的不便，又能在家中创造更温馨、舒适的康复环境。

3.技术进步与数据支持助力服务升级

可穿戴设备、视频指导、在线数据监测等技术的不断进步，为家庭康复训练指导提供了坚实的技术支持。通过数据采集与分析，康复训练方案能够做到实时调整与精准指导，既提升康复效果，也能赢得患者及家属的信任。

4.政策扶持与社会关注双轮驱动

近年来，国家对康复医疗、健康养老服务的扶持力度不断加大，社区康复服务和家庭健康管理正逐步成为社会关注的热点。各级政府和社会机构纷纷出台相关扶持政策和资金支持，为家庭康复训练指导业务的发展提供了有力保障。

▶ 一步步开启业务

1.整合专业康复资源

首要任务是整合医疗康复机构、康复专家和物理治疗师等专业资源，建立起一支跨专业团队。通过与医院康复科、老年康复中心及社区健康服务中心的合作，获取专业指导意见和康复数据，确保训练方案具有科学性与针对性。

2.开发线上平台与数据监测系统

开发一个简单易用的线上平台或APP，为用户提供视频教程、训练记录、数据上传和在线咨询等功能。平台可以通过可穿戴设备采集运动数据、心率、步态平衡等指标，实时反馈给康复师，并据此调整训练方案。

3.设计个性化训练方案

根据老人的身体状况、手术恢复情况以及家居环境，制定分阶段、循序渐进的康复训练方案。方案包括基础柔韧性训练、肌力训练和平衡协调训练，每个模块设有多种训练难度，既适合初级康复者，也能满足进阶者需求。

4.试点推广与反馈优化

在部分社区开展试点活动，邀请部分康复需求较强的老人体验服务。通过试点，收集使用数据和用户反馈，不断完善平台功能和训练方案，试点成功后，再逐步推广到更多社区和家庭，形成标准化的服务模式。

5.组建上门服务团队与售后支持

为了确保服务质量，成立专业的上门康复指导团队，定期为有需要的家庭提供上门测评、现场指导及方案调整。同时，建立完善的售后服务体系，确保用户在使用过程中遇到问题能得到及时解决与专业指导。

▶ 客户获取

1.社区推广与健康讲座

与社区卫生服务中心、老年大学及康复中心合作，定期举办"居家康复训练体验日"及健康讲座，现场演示康复训练方法和设备使用流程，通过互动问答和真实案例分享，让老人及家属充分了解家庭康复训练指导的优势。

2.线上宣传与社交媒体运营

借助微信公众号、抖音、快手等新媒体平台，发布专业康复训练指导的视频、用户成功案例及专家访谈。

制作生动易懂的康复训练教学短片，展示前后对比效果，吸引更多目标客户关注。

3.联合医院及康复机构合作推广

与医院康复科、理疗中心建立合作，将出院后的康复指导作为延续服务推荐给患者。

借助权威医疗机构的品牌效应，开展联合推广活动，通过优惠套餐、免费出诊等方式吸引用户试用。

4.家庭口碑与会员推荐

设计家庭推荐奖励机制，鼓励老年用户及其家属将家庭康复训练指导推荐给亲友，给予一定优惠或积分奖励。

建立会员制服务，定期回访和定制训练方案更新，形成长期稳定的客户群体，并通过用户评价不断吸引新客户。

▶ 温馨便利贴

每位老人的康复进程和身体条件各不相同，制定训练方案时应充分尊重用户实际情况。建议康复师在指导过程中耐心倾听，及时调整训练难度，避免因过度训练引起身体不适。

在居家康复训练中，安全措施至关重要，建议安装防滑垫、扶手等辅助设施。

康复团队应定期检查用户家庭环境，提供安全改进建议。

建议康复师邀请家属参与训练指导，教会他们基本的康复动作和安全辅助方法，共同营造良好的康复氛围，家属的鼓励和陪伴有助于提高老人的训练积极性。

建立定期回访和健康数据监测机制，根据用户身体变化和训练反馈，及时优化训练方案，确保每个阶段的训练都达到预期效果。

所有参与服务的康复师和上门指导人员应定期参加专业培训，掌握最新康复技术和急救知识。

13 营养餐配送服务

孙大爷：今天这顿饭真不错，比我自己做的还营养，一点儿也不油腻，味道刚刚好。

刘大妈：对啊，我这糖尿病、心脏病都得控制饮食，这营养餐配送服务真是及时雨。既能保证营养均衡，又能根据病情调配食材，省得自己琢磨那些复杂的菜谱。

小赵：其实我们的"营养餐配送服务"就是专门为像你们这样的老年朋友量身打造的。每一份餐食都是由专业营养师和厨师团队共同设计，根据不同慢性病及体质需求定制，既考虑到健康调理，也兼顾口味，让老年人吃得安心、吃得舒心。

孙大爷：那这服务怎么运作？我怕操作复杂，老人家就不敢轻易尝试。

▶ 市场机会

1.老龄化带来的健康饮食需求

老年群体对健康饮食的需求日益突出，营养餐配送服务成为解决这一痛点的有效方案。传统家庭烹饪难以满足营养均衡和个性化需求，而外卖又普遍高油高盐。

2.慢性病高发与饮食调控的重要性

糖尿病、高血压、冠心病等慢性病在老年人中普遍存在，而饮食在疾病调理中起着至关重要的作用。通过专业定制的营养餐，可以有效帮助老年人改善体质、控制病情，进而减少医疗费用和就医频次。

3.科技与物流的成熟推动业务落地

近年来，互联网、大数据、智能物流等技术的发展为营养餐配送提供了坚实支撑。精准的健康数据采集、智能化配送系统和线上服务平台，使得这一业务模式高效便捷，还能实现个性化定制与动态调整。用户还可以通过语音或子女远程代订，配送全程温控保鲜，并结合体检数据动态调整食谱。

4.政府政策与市场资本双重助力

国家和地方政府对智慧健康养老、慢性病管理及绿色餐饮等领域的支持力度不断加大，各类扶持政策、补贴资金及社会资本的注入，为营养餐配送服务的发展提供了良好的政策和市场环境。

⊙ 一步步开启业务

1.整合专业营养与烹饪团队

第一步是组建由营养师、厨师和中医调理专家组成的专业团队。团队需共同研发适合老年人、针对不同慢性病的营养餐方案，确保每一餐既具备营养均衡，又能满足个性化需求。

2.建立线上健康评估与订餐平台

开发一个线上平台或小程序，让老年人及其家属能够轻松填写健康问卷、查看定制方案和下单订餐。平台应支持语音输入、简化操作界面，方便不擅长手机操作的老年用户。

3.打造标准化中央厨房与生产体系

选择符合食品安全标准的中央厨房，建立标准化生产流程和品控体系，确保每一份配送餐食在营养、卫生和口感上都能达到要求。通过大数据监控和定期检测，持续提升产品品质。

4.构建高效智能配送网络

整合本地物流资源，建立智能配送系统，实现按时配送、温控运输和末端服务跟踪。与社区、养老院、医院等机构合作，打造覆盖广泛的配送网络，确保每份餐食能够及时、安全地送达用户手中。

5.试点推广与持续优化

先在部分试点区域开展推广活动，邀请目标用户试用服务，收集详细反馈。根据用户评价和健康数据，不断优化营养餐方案、生产流程和配送服务，逐步形成成熟、标准化的运营模式，再在更大范围内推广应用。

▶ 客户获取

1.社区健康活动与宣传讲座

与社区卫生服务中心、老年大学、养老机构联合举办健康饮食讲座和营养餐试吃活动。

通过现场演示、专家解读及免费体验，增强用户对服务的认知和信任。

2.线上营销与社交媒体推广

利用微信公众号、抖音、快手等平台发布营养餐配送的制作过程、专家访谈和健康小贴士，形成线上话题。

制作简单易懂的短视频和图文教程，吸引更多老年人及其家属关注。

3.联合医疗及保险机构合作

与医院、体检中心以及健康保险公司开展联合促销活动，将营养餐配送作为慢性病管理和健康维护的一部分推荐给患者。

▶ 温馨便利贴

营养餐方案应充分考虑老年人对低盐、低脂、低糖及高纤维的特殊需求，做到美味与健康兼顾。

　　线上平台应设计简洁直观的操作界面，支持语音及大字号显示，方便老年用户使用。

　　配送服务要注重细节，例如包装温度、送餐时间及配送人员的服务态度，提升整体体验。

　　定期对营养师、厨师、物流配送及客服团队进行培训，确保各环节专业、高效。

第三章 社交娱乐

社交娱乐

14　怀旧主题茶话会

19　康养主题短途游

15　养生剧本杀

读书会　18

16　电竞俱乐部

17

短视频创作营

14 怀旧主题茶话会

张奶奶：哎呀，这味道让我想起年轻时在茶馆里和老伴儿喝茶的日子。那时候，街角的茶馆可是我们约会的地方。

李大爷：可不是嘛，以前的茶馆里，大家聚在一起听戏、下棋、聊天，热闹得很。现在年轻人都去咖啡馆了，我们老年人能有个这样怀旧的地方，真是不容易啊。

活动组织者小王：我们这次的"怀旧主题茶话会"，就是为了让大家回忆过去的美好时光，同时也创造一个轻松愉悦的社交环境。我们特意准备了怀旧音乐、老照片展示，还有茶艺表演，想让大家感受那种熟悉的味道。

刘奶奶：这样的活动真好，可以回忆过去，还能交到新朋友。我已经很久没和这么多人一起聊天了。

▶ 市场机会

1.老年人对社交活动的需求旺盛

退休后，很多老年人的社交圈逐渐缩小，而社交孤独感对身心健康的影响不容忽视。怀旧主题茶话会可以成为老年人彼此交流、分享回忆的平台，帮助他们建立新的社交关系，减少孤独感。

2.怀旧文化正成为新的消费热点

近年来，"怀旧经济"逐渐升温，无论是复古餐厅、老电影展，还是经典音乐会，都受到中老年群体的欢迎。老年人对过去的美好记忆有天然的情感依赖，因此，以怀旧为主题的活动更容易吸引他们参与，提高活动的吸引力和持续性。

3.政府与社会组织的大力支持

近年来，各地政府大力推动"积极老龄化"政策，鼓励社区组织适合老年人的文化活动。怀旧茶话会符合政策导向，还能与老年大学、文化馆等机构合作，获得更多资源支持。

4.商业与社交平台结合的新机遇

怀旧茶话会不仅可以作为线下社交活动，还可以结合线上平台进行内容延伸。例如，通过直播分享老年人的故事，制作短视频记录活动，甚至开发"怀旧故事征集"活动，形成线上线下结合的社交模式，提高活动的可持续性和影响力。

▶ 一步步开启业务

1.确定怀旧主题与活动内容

根据目标群体的年龄层，确定合适的怀旧主题。例如，可以围绕"老电影回忆""童年游戏""老歌经典"或"旧时茶馆文化"等不同主题，每次活动都围绕特定回忆展开，让老年人产生共鸣。

2.布置符合氛围的活动场地

选择一个适合的场地，例如社区活动中心、茶馆或公园一角，并进行简单布置。可以使用老照片、复古家具、老式茶具等装饰，甚至准备一些经典零食，如人白兔奶糖、麦芽糖，让老年人更有沉浸感。

3.策划互动环节，增强参与感

设计一些轻松有趣的互动环节，比如：

回忆角：参与者可以带来老照片、旧物品，分享背后的故事。

老歌对唱：播放经典老歌，让大家一起哼唱，重温年轻时的旋律。

茶艺体验：邀请专业茶艺师讲解茶文化，并让老年人亲身体验泡茶乐趣。

回忆录制作：提供笔记本或录音设备，让老人记录自己的故事，后续整理成电子或纸质版回忆录，作为珍贵的纪念品。

4.组织志愿者或专业团队支持

活动需要志愿者或专业人员提供支持，包括：

主持人：引导活动进程，调动氛围。

摄影师：记录美好瞬间，制作回忆相册或短视频。

健康顾问：确保老年人的身体状况，如提供茶饮健康建议等。

▶ 客户获取

1.社区宣传与合作机构推广

与当地的社区活动中心、老年大学、文化馆等机构合作，通过线下宣传栏、宣传册、社工推荐等方式推广活动。

2.线上社交平台推广

通过微信公众号、微信群、短视频平台等发布活动预告和回顾，吸引更多老年人关注。

可以邀请参加过活动的老人分享感受，提高口碑传播效应。

3.口碑营销，鼓励老年人带朋友参与

设计"老友同行"计划，鼓励参与者邀请朋友或家人一同参加活动，并给予小礼品或优先报名特权，以此提高活动的参与率。

4.与养老机构及品牌合作

养老机构、茶叶品牌、老年用品品牌等可以成为活动的合作伙伴，提供场地、物资或资金支持。同时，也可以通过活动接触潜在用户，实现双赢。

▶ **温馨便利贴**

由于老年人对糖分、咖啡因、油脂等较敏感，应提供健康饮品，如低糖普洱茶、花茶、红枣茶等；零食也应以健康为主，如坚果、水果干等。

考虑到老年人的体力问题，每次活动时长控制在1个小时之内，并安排适当的休息环节，避免长时间站立或过度用力。

活动现场应配备基础医疗物品，如血压计、急救药品等，并确保有工作人员能及时应对突发情况。

活动中涉及的个人故事、老照片等应事先征求参与者同意，避免侵犯隐私。同时，录音、拍摄等需获得老人授权，确保尊重他们的意愿。

通过收集参与者反馈，不断优化活动形式和内容。例如，可以增加家庭成员陪同活动，或定期邀请不同的嘉宾（如老艺术家、知名茶艺师等）参与，提高活动吸引力。

15 养生剧本杀

王大爷：这可比我孙子玩的那些悬疑游戏有意思多了！

张奶奶：原来我是一个擅长调理食疗的医师，要在故事里帮助大家找到长寿秘诀。

主持人小李：今天的剧本主题是《长生之谜》，你们每个人都有不同的身份，需要在游戏中互相交流、推理。同时，学习各种养生知识。最终，我们要找出真正的健康养生之道。

刘奶奶：这游戏真不错，既有趣味，又能学点养生知识，还能交朋友！

▶ 市场机会

1.银发族的娱乐需求增长，传统休闲方式创新不足

目前，大部分老年人的娱乐活动仍停留在广场舞、棋牌、合唱等传统形式，缺乏创新和互动性。而年轻人热衷的"剧本杀"游戏，可以通过改编适合老年人的主题，让他们在角色扮演和剧情推理中获得新的娱乐体验。

2."寓教于乐"的健康养生新方式

传统的健康讲座较为枯燥，老年人参与度较低，而剧本杀结合故事性和互动性，可以在游戏过程中自然融入养生知识，如中医养生、食疗、运动调理等，使学习过程更加轻松有趣。

3.社交需求旺盛，剧本杀有助于增进人际关系

剧本杀的核心是角色扮演与互动推理，非常适合老年人拓展社交圈，缓解孤独感。通过参与游戏，老年人可以结交新朋友，增强归属感，提高生活幸福指数。

4.养老产业与文化产业的跨界结合

养生剧本杀不仅可以成为线下养老社区的特色活动，还可以结合文化旅游产业，发展成健康主题沉浸式体验，如结合古镇、茶馆、养生会所等场所，打造"沉浸式健康养生体验馆"，进一步拓展市场空间。

▶ 一步步开启业务

1.策划适合银发族的剧本

相比于年轻人的剧本杀，老年人版本需要降低难度、增强情节的趣味性和知识性。例如：

围绕古代养生秘籍展开，一群医者、药师、养生大师齐聚一堂，共同破解长寿秘诀。

可以讲述一张古老的养生药方失传的故事，参与者需在故事中探索健康饮食、运动、茶疗等秘诀。

可以结合怀旧元素，在一场茶会中，大家通过回忆往事、分享健康经验，共同寻找"最适合自己的养生方式"。

可以增加"反诈剧本杀"等实用主题。

2.场地与道具准备

选择适合的场地：可选择茶馆、中医馆、文化中心、社区活动室等具有古典氛围的场地，增强沉浸感。

布置环境：使用屏风、字画、药材展示等道具，打造古代医馆、书斋、茶馆等主题空间，让老人更容易融入角色。

服装道具：提供简单的角色服饰，如长袍、围巾、帽子等，增加代入感。

3.培训主持人和讲解员

需要专业的主持人（DM，剧本杀的引导者），熟悉剧情，引导老年人参与讨论和推理，你可以邀请健康养生专家作为嘉宾，在关键剧情节点讲解相关健康知识，让游戏不仅好玩，还能有所收获。

4.测试与优化

在正式推广前，进行小范围试运营，收集参与者反馈，调整剧本难度、优化剧情设置，确保适合老年人的体验。

▶ 客户获取

1.社区宣传

在老年大学、社区活动中心、养生馆等机构推广，利用线下海报、宣传单、社区讲座等方式吸引目标群体。

2.社交媒体与短视频推广

通过微信公众号、抖音、快手等平台发布活动视频，展示老年人参与剧本杀的乐趣，吸引更多人报名。

3.与健康管理机构合作

联合养老社区：在养老院、健康管理中心等场所定期举办，提高机构吸引力。

结合中医养生馆：与中医馆、推拿馆合作，推广健康理念的同时，吸引潜在客户。

与旅行社合作：推出"养生+旅行"套餐，在文化旅游线路中嵌入剧本杀活动，如茶文化体验、中医文化游等，增强游客体验感。

4. "老友推荐" 机制

设计老年人专属的"好友推荐奖励计划"，鼓励老年人带朋友参加，每成功推荐一位新成员即可获得一次免费体验或小礼品，提高活动的传播力度。

▶ **温馨便利贴**

由于部分老年人逻辑推理能力较弱，剧本的复杂度应控制在适中水平，避免过度烧脑，让每位参与者都能顺利融入游戏。

老年人注意力持续时间有限，建议游戏时间控制在1.5~2小时，并安排中途休息，让参与者保持最佳体验状态。

场地应设置舒适的座椅，避免长时间站立。同时，活动现场应配备急救药品，确保老年人身体不适时能及时应对。

记录老年人参与情况，给经常参加的老人设定专属角色，增加归属感。例如：有的老人可能喜欢扮演医生角色，可以在后续活动中定制类似角色，让他们更有代入感。

设计积分或奖励机制，例如连续参与三次可兑换一次免费体验，鼓励老年人长期参与，提高黏性。

16 电竞俱乐部

张大爷：快，老王，你往左边走，给我掩护！

比赛结束，老人们摘下耳机，兴奋地击掌庆祝。观战的年轻人惊讶地看着他们，感叹道：这操作，完全不像六十多岁的人啊！

俱乐部负责人小李：别小看银发族，他们不仅反应快，还有丰富的战术思维。我们电竞俱乐部的目标，就是让更多老年人体验电子竞技的乐趣。

▶ 市场机会

1.老年电竞市场的潜力巨大

传统观念认为电竞是年轻人的专属，但随着银发族对数字娱乐的接受度提高，越来越多老年人开始接触电竞，中国50岁以上的游戏用户数量逐渐增多。银发电竞为积极老龄化提供了实践样本，让"老有所乐、老有所为"的理念通过数字化方式得以实现，具有广泛的市场效应。

2.电竞更是社交、益智、健康的综合体验

电竞是一种强互动的娱乐方式，能帮助老年人结交新朋友，减少孤

独感的电子游戏。老人打游戏可以促进认知能力，提高反应速度，甚至对预防老年痴呆有一定帮助。比如部分运动类、策略类游戏，如VR健身游戏、棋类电竞等，可以帮助老年人锻炼身体和思维。

3.商业价值与社会效益双赢

这一新兴领域可以创造硬件设备升级、内容付费、赛事运营等多元变现渠道。专为老年人设计的电竞外设、适老化游戏内容订阅、线上线下赛事门票及赞助等，都构成了可持续的商业模式。同时，银发电竞俱乐部还能与健康管理、智能养老等产业形成跨界合作，开发"电竞+康养"的创新服务产品。在社会效益方面，银发电竞有效打破了年龄数字的局限，为老年人提供了展示自我、实现价值的新舞台。

▶ 一步步开启业务

1.搭建适合老年人的电竞环境

设备优化：提供大屏幕显示器、舒适的人体工学座椅，以及适合老年人的简化操作模式，如大字体界面、便捷操作键位等。

场地布置：设置温和的灯光，减少视觉疲劳。同时，保证空气流通，营造健康舒适的电竞环境。

2.筛选适合老年人的游戏类型

团队竞技类（《英雄联盟》《王者荣耀》）：可以培养老年人的战术思维和团队协作能力。

休闲益智类（《炉石传说》《棋类电竞》）：适合喜欢策略思考的老人。

运动健身类（VR体感游戏）：如《节奏光剑》《健身环大冒险》，可以帮助老年人进行轻度运动。

3.提供系统化的培训课程

初级入门：教授基本操作，如鼠标控制、角色移动、界面理解等。

中级提升：训练战术配合、技能组合、团队沟通，提高实战水平。

高级竞技：组织小型比赛，提升老年人的竞技意识，甚至打造"银发战队"参加电竞赛事。

▶ 客户获取

1.社群营销

建立"银发电竞俱乐部"微信群或公众号，定期发布电竞资讯、赛事信息、游戏攻略，吸引老年人参与。

组织"电竞沙龙"，邀请电竞爱好者分享经验，增强社群凝聚力。

2.线上线下结合推广

线下体验活动：在商场、社区、养老机构举办"电竞体验日"，让老年人尝试游戏，现场报名加入俱乐部。

短视频传播：拍摄"银发电竞"玩家的日常训练、比赛花絮，上传至抖音、快手等平台，吸引年轻人关注，并带动老年人报名。

3.与品牌、企业合作

游戏厂商：与腾讯、网易等公司合作，为老年人开发适配的游戏模式或专属服务器。

硬件厂商：联合电竞设备公司，推出适合老年人的鼠标、键盘、手柄等外设产品，降低游戏门槛。

养老机构：与智慧养老社区合作，打造"电竞健康馆"，提供长期的电竞训练和活动支持。

4.设立老年电竞赛事，增强参与感

组织社区级、城市级的"银发电竞杯"，让老年玩家有展示实力的舞台。

设立"银发战队"，参加全国性老年电竞比赛，提高俱乐部的影响力。

▶ **温馨便利贴**

建议每天游戏时间控制在1～2小时，并结合适当的休息和伸展运动，防止长时间久坐带来的健康问题。

选择操作较为简单、节奏较慢的游戏，降低学习门槛，让老年人

更容易融入电竞环境。

电竞俱乐部应提供护眼设备，如防蓝光屏幕、定期休息提示，并在活动期间提供护眼茶饮或眼部按摩服务。

除了电竞培训，还可以开发"电竞+旅游"项目，如组织老年电竞玩家参观职业战队基地、观看电竞比赛，增强沉浸式体验。

17 短视频创作营

刘大爷：你看，这短视频好看，还能把我们的故事传出去，让更多人了解我们的生活。

张大妈：对啊，我以前总觉得自己老了就没创作的能力，没想到我们也能拍出这么精彩的视频！

活动组织者小陈笑着说：正因为大家都有丰富的人生经历和独特的视角，所以我们成立了"短视频创作营"。在这里，我们会教大家如何用手机拍摄、剪辑短视频，如何运用滤镜和配乐，把生活中的点滴变成有趣的作品，让更多人看到银发族的风采。

刘大爷：那我也想学学，怎么才能把我这段旅行的趣事拍下来，传到网上分享给大家呢？

▶ 市场机会

1.银发族数字化生活需求提升

随着智能手机和社交媒体的普及，越来越多的老年人开始接触并尝试数字化娱乐方式。短视频平台的火爆为银发族提供了展示自我和表达情感的新渠道。

2.老年人独特视角和生活智慧备受关注

老年人拥有丰富的人生阅历和独特的生活智慧，其真实、有趣的生活故事正逐渐受到各年龄层用户的喜爱，短视频创作营能够帮助老年人挖掘自身优势，传递正能量。

3.跨代共创与家庭互动的新模式

短视频不仅能拉近老年人与子女、孙辈之间的距离，还能促进社区内的跨代交流，形成互助、共创的社群文化。

4.政策扶持与文化产业融合

国家对"数字乡村"和"智慧养老"项目的支持为老年人参与数字创作提供了政策红利。同时，也为文化创意产业注入了新的活力，短视频创作营正处在这一浪潮之中。

▶ 一步步开启业务

1.课程体系规划与内容设计

制定基础、中级和高级三个阶段的课程体系，从手机拍摄、基本剪辑、文案创作到后期配乐、特效处理，循序渐进地帮助老年人掌握短视频制作技能。

2.搭建线上线下培训平台

在社区活动中心设立培训教室，配备大屏幕和专业设备，方便老年人现场操作。同时，通过微信公众号、小程序等线上平台，提供视频教程、操作指南和互动问答，便于学员随时学习和回顾。

3.邀请专家与成功创作者授课

邀请具有丰富短视频制作经验的创作者、剪辑师和新媒体从业者进行讲解和示范，并邀请已经在短视频平台取得成绩的老年人分享成功经验，激发学员的创作热情。

4.策划实战拍摄活动与创作比赛

定期组织"主题拍摄"活动，如"怀旧故事""健康养生""旅行见闻"等，让学员在实践中提高拍摄和剪辑水平。并举办短视频创作比赛，通过评选和奖励，鼓励学员不断创新和进步。

5.建立作品展示与推广渠道

搭建社区短视频展示墙或专属频道，将优秀作品在社区网站、微信公众号等平台上展示，邀请家属和更多市民参与点赞和评论，提升学员的成就感和曝光率。

⊙ 客户获取

1.社区推广与合作宣传

与社区居委会、老年大学、养老院等机构合作，组织专题讲座和体验课，利用社区宣传栏、广播、海报等方式，向老年群体推广短视频创作营的理念和优势。

2.线上社交平台推广

利用微信公众号、抖音、快手等平台发布课程预告、学员风采和成功案例，通过短视频内容展示创作营的精彩瞬间，吸引更多老年人及其子女关注。

3.口碑营销

设计"老友推荐"激励机制，鼓励学员邀请朋友、家人一同参加课程，并给予优惠或奖励。

4.与文化、旅游及健康品牌合作

与文化活动、健康管理及旅游机构合作，联合推出"银发创意生活"项目，将短视频创作融入更多生活场景，提升项目品牌知名度。同时，吸引跨界用户参与。

⊙ 温馨便利贴

针对老年人数字技能相对薄弱的特点，培训内容应从基础开始，避免过于专业的术语，多采用图文并茂、实操演示的方式，让每位学员都能轻松跟上培训进度。

培训过程中应鼓励学员提问、讨论和分享，建立学员交流群，便于互相帮助和交流创作心得。对有特殊需求的学员可提供一对一辅导，确保每个人都能获得针对性的指导。

培训场所要配备舒适的座椅和适合老年人操作的设备。同时，注意光线和音响效果，保证教学环境温馨、安静。

设置阶段性奖励机制和优秀作品展示平台，让学员在不断实践中获得成就感和认可，从而增强参与热情和持续学习动力。

定期收集学员反馈，及时调整教学内容和方式，保持课程的新鲜感和实用性。关注最新短视频创作趋势，不断引入新技术、新玩法，让老年人的创作之路充满活力。

18 读书会

张大爷：我觉得读书可以增长见识，还能让人心境平和。记得我年轻时，每逢周末，总喜欢和几个志同道合的朋友聚在一起讨论经典文学，如今虽然年纪大了，但我对读书的热爱从未减退。

李大妈：是啊，我们这些人最珍惜的，便是那份精神的寄托。可如今，市面上流行的书籍太多，不少内容跟我们的兴趣和经历并不相符。我们需要一个专门针对银发族的读书会，让大家有机会深入探讨经典、交流心得。

社区文化顾问小王：为了满足大家的这一需求，我们特意推出了"银发读书会"服务。我们会定期邀请专家举办讲座，还会策划主题讨论、读书分享会，甚至还会组织户外书香活动。让大家可以静心阅读，还能在交流中碰撞出智慧的火花。

张大爷：这主意真好。想想看，以前咱们在报纸上撰写的评论和小文章，如今借助这个平台，还能把自己的见解分享给更多人，甚至留作传世之作。

李大妈：而且，我听说这个读书会还会有专门的线上论坛，方便我们平时讨论书籍，分享心得，不受时间地点限制，真是为我们量身定制的文化活动。

▶ 市场机会

1.老年人精神文化需求强烈

退休后生活节奏变慢，老年人越来越渴望通过读书、讨论、交流等方式充实内心世界。读书会可以为老人提供一个精神寄托和文化交流的平台，满足老年人对知识和情感共鸣的需求。

2.传统文化复兴与阅读热潮

近年来，随着传统文化和经典阅读的复兴，不少老年人对历史、文学、哲学等领域抱有浓厚兴趣。专门针对银发族设计的读书会，不仅能传播经典文化，还能激发老年人对生活的热情与思考。

3.数字化平台的普及推动线上线下融合

智能手机、平板电脑等设备的普及，使得线上阅读和交流变得更加便捷。通过线上论坛、直播讲座、视频讨论等形式，可以使读书会打破时空限制，吸引更多老年人参与，形成丰富多样的文化社群。

4.政策支持与社会组织推广

近年来，国家和地方政府大力推动"积极老龄化"和"智慧养老"项目，各类文化活动、社区图书馆及老年大学为读书会的推广提供了政策扶持和资金支持，市场前景广阔。

▶ 一步步开启业务

1.制定读书会活动主题与内容规划

根据老年人的兴趣和需求，策划不同主题的读书会，如"经典文学赏析""历史长河探秘""诗词歌赋共赏""健康养生书话"等，可以邀请专业学者、作家、文化名人参与讲座和讨论，定制讲座大纲与讨论提纲。

2.场地选择与活动环境布置

选择环境安静、交通便捷的社区图书馆、文化中心或养老院作为线下活动场所。布置上应突出传统文化氛围，可挂上书法、古典图画，摆放复古书架、传统座椅及茶具，营造浓厚的文化氛围。可以根据活动主题配置相应的视听设备，如投影仪、大屏幕以及音响，确保活动现场效果生动、舒适。

3.组织志愿者与专业团队

招募对文化活动有热情的志愿者，负责现场引导、设备调试、资料分发等工作。可以组建一个由文化学者、资深读者、社区干部组成的专业团队，为读书会提供策划、讲解及现场管理等服务，并且定期进行培训和经验交流，确保团队能不断提高活动策划和执行能力，为参与者带来高质量的文化体验。

4.试点推广与数据反馈优化

在部分社区开展试点活动，邀请一定数量的老年人参与，通过问卷调查、座谈会等方式收集意见和建议。可以根据反馈数据，对活动流程、讲座内容、互动方式等进行不断调整和优化，逐步形成成熟、可复制的运营模式。

▶ 客户获取

1.社区宣传与传统渠道推广

与社区居委会、老年大学、图书馆、文化馆等合作，利用宣传栏、宣传册、社区广播等传统渠道进行宣传。

组织免费讲座、试读活动和文化沙龙，吸引老年人体验并报名参与读书会活动。

2.线上推广与社交媒体营销

通过微信公众号、抖音、快手等平台发布活动预告、精彩回顾和参与者心得，形成口碑传播效应。

邀请知名文化博主或老年网红分享自己的读书体验，通过短视频、直播、图文推送等多种形式扩大影响力。

利用线上论坛和讨论组，发布经典书单、读书心得，吸引潜在用户加入社群。

3.家庭推荐与口碑营销

设计"老友推荐"机制，鼓励参与者邀请家人和朋友参加，给予推荐奖励或优惠，如免费试读券、文化礼品等。

利用社区内部口碑传播，借助参加过活动的老年人亲身体验讲述，形成良好的口碑效应，吸引更多人主动参与。

4.联合文化品牌与企业合作

与出版机构、书店、文创企业合作，推出联合活动，如限量版书籍赠送、签名会、文化沙龙等。

与本地知名文化品牌合作，共同举办读书节、文化展览等大型活动，将读书会打造成品牌效应，吸引跨界用户参与。

▶ 温馨便利贴

由于每位老年人的阅读兴趣和理解能力各不相同，活动策划时应充分调研，制定多样化的主题和内容，确保每个人都能找到心仪的书籍和话题。

鼓励参与者分享个人故事和书籍推荐，形成互助、包容的讨论氛围。

　　读书会的现场布置和环境设计要尽可能营造温馨、宁静的氛围，提供舒适的座椅、柔和的灯光和温暖的茶水。活动中可安排适当的休息时间和茶歇环节，让老人有时间调整状态，增进交流。

　　对于线上平台和APP，界面设计应简洁直观，字体字号适合老年人阅读。同时，支持语音输入和大图标操作，提供详细的操作指南和客服支持，帮助不熟悉智能设备的用户顺利加入线上社群。

　　定期收集参与者反馈，了解活动亮点和不足之处，不断调整课程和讨论话题，保持读书会内容的新鲜感和吸引力。鼓励参与者提出建议，设立意见箱或在线问卷，推动活动不断升级，真正成为老年人精神生活的一部分。

19 康养主题短途游

张大爷：听说这次的短途游既有美丽风景，又能体验养生理念，真是难得的机会！

李大妈：是啊，长途旅游容易劳累，这种短途游既轻松又能兼顾康养，正合我们老年人的心意。上次去市郊的温泉养生之旅，我感觉身体和心情都放松了不少。

导游小王：各位，欢迎参加"康养主题短途游"活动。本次行程安排了温泉养生、森林漫步、农家乐体验以及中医理疗讲座等环节。我们会在轻松愉快的氛围中，带大家体验自然养生之道，让身心得到全面调理。

张大爷：这么多项目，看起来很丰富，那整个行程会不会太紧凑，咱们老人家跟不上？

小王：放心，我们特意设计了充足的休息时间，每个景点都有专业的导游和医疗救援人员陪同。行程既有文化体验，也有轻松休闲，让大家在游览风景的同时，体验康养理念，既能锻炼身体，又能放松心情。

李大妈：我最期待的是中医理疗讲座了，听说还能现场体验针灸、拔罐，真是新鲜又实用。

▶ **市场机会**

1.老龄化趋势推动康养需求上升

传统观光旅游已无法满足老年群体的特殊需求。康养主题短途游精准把握"轻体力、重体验、强养生"三大核心诉求，将自然景观与健康管理有机结合。老年人更青睐包含养生元素的短途行程，这类产品既能避免长途跋涉的疲惫，又能获得实质性的健康收益，正在成为银发旅游市场的新增长点。

2.康养理念深入人心

健康养生理念逐渐成为全民关注的话题，老年人群体越来越重视通过科学合理的方式保持健康，预防慢性疾病。康养主题短途游将养生元素融入旅游体验，不仅满足了老年群体视觉和心灵的享受，更提供了实际的健康调理方法。

3.旅游休闲市场细分和升级

随着旅游市场的多元化发展，消费者对旅游产品的个性化和体验性要求越来越高。康养主题短途游作为新兴产品，融合了旅游观光、健康养生、文化体验等多重元素，满足了老年人群体对"旅游+健康"的复合需求，具有广阔的市场前景。

4.政策扶持和社会资源整合

近年来，国家和地方政府大力推进"智慧养老"和"积极老龄化"政策，各级政府及社会机构对老年人康养旅游给予政策、资金和资源支持，为康养主题短途游提供了良好的外部环境和发展机遇。

▶ 一步步开启业务

1.整合康养资源与旅游资源

整合医疗、养生、文化等方面的专业资源。与中医院、康复中心、温泉度假村、生态农场以及当地文化景区建立合作关系，共同设计适合老年人的康养短途游线路。

2.制定详细行程规划与安全预案

制定分阶段、轻松节奏的旅游行程，包括参观景点、健康讲座、康养体验、休闲散步等项目，确保行程紧凑而不紧张。制定应急预案，配备医疗急救设备和专业人员，确保在游览过程中及时处理突发健康问题。

3.建设线上线下预订及服务平台

开发专门的预订平台或小程序，提供详细行程介绍、健康评估、在线咨询和即时预订功能。建议平台界面简洁明了，支持语音输入和大字体显示，方便老年用户操作。

4.设计定制化康养体验项目

根据不同地区、季节和老年人群体的特点，定制多种康养体验项目，如温泉养生、森林疗养、农家乐体验、中医理疗、茶文化体验等，为每个项目制定详细流程和服务标准，确保项目专业性和体验感。

▶ 客户获取

1.社区宣传与合作推广

与社区居委会、老年大学、养老院等机构合作，通过宣传栏、社区广播、健康讲座等形式推广康养主题短途游。

举办免费试游活动和体验会，邀请社区老年人现场参与，增强信任感。

2.线上营销与社交媒体推广

利用微信公众号、抖音、快手等平台发布短视频、活动预告和真实体验反馈，展示康养短途游的美景和健康效果，吸引更多潜在客户。

建立专题网站或线上社群，发布老年人康养故事、旅游攻略和健康资讯，形成线上讨论和分享机制。

3.品牌合作与联合促销

与当地温泉、度假村、生态农场、中医养生馆等品牌合作，推出联合优惠套餐和联名活动，借助品牌影响力扩大知名度。

与保险公司、健康管理机构合作，设计"康养+健康管理"增值服务套餐，提高客户信任度和黏性。

4.口碑营销

设计"老友推荐"活动，鼓励老年用户邀请朋友一同参加短途游，给予推荐奖励或折扣优惠。

利用参与者的真实体验和口碑，通过社区见证、视频分享等方式，形成良好的口碑效应，吸引更多用户报名。

▶ 温馨便利贴

康养短途游涉及体力活动和外出旅行，务必在行程中安排定期健康监测和体力休息，确保老年人身体状态良好。

配备专业医疗救援人员和急救设备，确保在出现突发情况时能够迅速应对。

行程安排应充分考虑老年人的体能和习惯，避免过长距离步行或长时间参观。每个项目之间应安排适当休息和用餐时间，让参与者有足够的精力享受每个环节。

根据老年人不同的健康状况和兴趣爱好，提供个性化的旅游建议和康养体验项目。

行程中不仅要关注康养项目，还应融入当地人文和自然景观，让参与者在养生的同时感受地域文化魅力。

定期收集参与者的健康数据和满意度反馈，了解活动中的不足之处，及时优化线路和服务。

第四章 技能变现

技能变现

20 手工艺品代售

21 非遗技艺传承班

22 老年人才中介

20 手工艺品代售

刘阿姨：看这绣工多精致，每一针每一线都透着浓浓的情感，这可是我年轻时学过的手艺啊！

王大妈：是啊，咱们这些老艺人都有一技之长，可惜很多好作品没人买。如今有了手工艺品代售平台，我们不仅能传承传统技艺，还能把自己的创作卖出去，真是既赚点外快，又实现了自我价值。

文化顾问小张：大家好，今天我们特意推出"手工艺品代售"服务。无论是布艺、陶瓷、雕刻还是刺绣，只要您有心制作，我们都可以帮您对接线上销售平台和线下展销活动。让您的手艺可以留住记忆，更能变成实际收入。

刘阿姨：这主意真好！我一直想把多年的手艺传承下去，如今不仅可以和大家分享，还能赚点零花钱，生活更有意义了。

王大妈：是啊，我那几件木雕摆件一直没地方卖出去，现在有了这样的代售平台，真是帮大忙了。

▶ 市场机会

1.传统手工艺市场的独特价值

随着工业化和现代化进程加速，许多传统手工艺逐渐被机械化生产所替代。然而，这些手工艺品因其独特的文化内涵和个性化设计，依然拥有不可替代的市场魅力，越来越多消费者开始追求有温度、有故事的手工艺品，市场潜力巨大。

2.老年群体技能与情感价值的双重驱动

许多老年人拥有丰富的传统手工艺技能和文化底蕴，希望在晚年将自己的心血转化为实际收入。同时，传承和发扬传统技艺。手工艺品代售平台能够满足他们技能变现和情感表达的双重需求。

3.互联网与电商平台的普及

随着互联网和电商平台的普及，线上代售模式已经成为一个成熟的商业模式。利用电商平台，老年手工艺品可以突破地域限制，走向全国乃至国际市场，为手工艺人提供更多销售机会。

4.文化消费升级与个性化定制趋势

当前消费者对产品个性化、定制化的需求不断增强，传统手工艺品以其独特性和手工痕迹成为消费者追捧的对象。代售平台不仅可以满足这种需求，还能通过品牌打造和故事营销提高产品附加值。

▶ 一步步开启业务

1.整合手工艺资源与平台建设

与当地手工艺协会、文化馆、老年大学等机构合作，整合社区内有制作手艺的老年人资源，建立起初步的艺人数据库。可以开发或合作建立专门的手工艺品代售平台，包括线上商城、小程序及微信公众号，方便艺人上传作品、展示手工故事和进行交易。

2.制定标准化培训与提升方案

开设技能提升班、品牌打造讲座和电商运营培训，邀请成功手工艺人和专业导师进行指导，帮助艺人提高产品设计、制作和营销能力。或者可以制定统一的产品质量标准、包装规范及价格参考，确保代售产品在市场上具有竞争力。

3.策划多样化销售渠道

线上销售：利用电商平台、社交媒体及直播带货等形式，推广和销售手工艺品。

线下展销：定期在社区、文化节、手工艺展览等活动中设置展销摊位，开展现场展示和销售。

联合营销：与旅游、文化创意及礼品店合作，开展联合促销活动，实现多渠道销售。

4.建立完善的物流与售后服务体系

与物流公司、快递平台合作，确保手工艺品在配送过程中的安全与高效。同时，建议提供完善的售后服务，设立专门客服解答消费者疑问、处理退换货，增强用户购买体验和信任度。

5.试点推广与数据反馈机制

在部分社区或手工艺集聚区先行试点代售服务，收集销售数据和用户反馈，根据反馈及时优化平台功能、产品定位及销售策略，逐步形成成熟的商业模式并扩大推广范围。

▶ 客户获取

1.社区与文化机构联合推广

利用社区文化活动、手工艺展览、老年大学课程等渠道，推广手工艺品代售平台，让更多有制作技能的老年人了解并参与。

与文化馆、手工艺协会合作举办专题讲座和技能展示会，通过现场体验和互动吸引潜在客户。

2.线上社交平台与直播带货

利用微信公众号、抖音、快手、小红书等社交媒体平台发布产品故事、制作过程、手艺人访谈等内容，吸引消费者关注。

定期组织直播带货活动，邀请知名手工艺人或文化达人现场讲解产品工艺，提升品牌知名度和销售量。

3.口碑营销与用户推荐

设计"用户推荐"奖励机制，鼓励老年人和购买者通过口碑传播，邀请朋友、家人购买手工艺品，享受相应优惠。

收集和展示真实的用户评价、手工艺人故事和产品使用案例，增强平台的公信力和吸引力。

4.跨界合作与品牌联名

与当地旅游景区、文化创意品牌、礼品店等合作，推出联名产品或限量版系列，拓宽销售渠道。

与知名电商平台合作，参加各类文化节、传统工艺展销会，提高品牌曝光率和市场渗透率。

▶ **温馨便利贴**

在产品设计与制作过程中，应充分保留传统手工艺的精髓。同时，结合现代审美和市场需求进行适度创新，确保产品既有传统韵味又具现代感。

制定严格的制作和品控流程，确保每一件作品的质量与安全。在包装和运输过程中，采取防震、防潮等措施，避免手工艺品因运输不当而受损。

每件手工艺品都有其独特的创作背景和文化故事，通过文字、图片和视频形式生动展示，增强消费者的情感共鸣和购买欲望。

定期组织故事分享活动，邀请手工艺人讲述自己的创作历程，打造品牌形象和文化内涵。

优化线上平台操作界面，确保老年用户能够轻松上传作品和浏览产品信息。

建立完善的售后服务机制，及时解决消费者在购买和使用过程中遇到的问题，提升用户满意度。

定期收集平台销售数据、用户评价和市场动态，不断调整产品定位和推广策略。通过数据分析，精准把握消费者需求和市场趋势；为手工艺人提供个性化培训和指导，实现技能与商业价值的双向提升。

21 非遗技艺传承班

张大爷：我年轻时曾学过剪纸，现在看到这么多精湛的技艺，心里真是激动不已。如今能有这样一个传承班，让我们这些老家伙重新拾起手艺，传承非遗文化，真是太有意义了。

李大妈：这些技艺背后都有着丰富的文化故事，每当我听传承人讲起那些古老的传说，就仿佛回到了从前的岁月里。

传承人老王师傅：各位，这次的"非遗技艺传承班"主要是为了传承和弘扬我们宝贵的传统工艺。无论是剪纸、刺绣、陶艺，还是传统木雕，每一项技艺都有它独特的韵味。

张大爷：这正是我想要的，让这些传统艺术得以传承下去。

▶ 市场机会

1.非遗技艺保护与传承的迫切需求

在现代化进程中，许多传统工艺逐渐被市场边缘化，非遗技艺面临失传风险。通过开设传承班，不仅可以培养新一代的传承人，还能唤起大众对传统文化的重视和认同。

2.文化消费升级与个性化体验

随着人们生活水平的提高，越来越多的消费者追求个性化、手工制作和文化体验。非遗技艺传承班正好满足了这一需求，让学员在体验传统艺术的同时，获得心灵上的满足和自我价值的实现。

3.政府政策与社会资本的支持

近年来，国家和地方政府加大了对非遗保护与传承的支持力度，出台了多项扶持政策和资金补贴。社会各界和文化机构也对传统技艺传承表示出浓厚兴趣，为传承班的发展提供了良好的外部环境。

4.跨界合作与文化旅游融合

非遗技艺具有文化价值，同时，还能与旅游、创意产业相结合，开发体验式项目。传承班可以成为文化旅游的一部分，吸引更多游客参与体验，进一步推广传统文化。

▶ 一步步开启业务

1.整合非遗传承资源与专家团队

联合当地文化局、非遗传承机构及知名传承人，组建专业师资团队，确保技艺传授的专业性和权威性。或者可以通过调研和访谈，整理各项非遗技艺的传承资料和操作流程，为课程设计提供依据。

2.制订课程体系与教学计划

根据不同技艺的特点，设计初级、中级和高级三个层次的课程，既适合零基础学员，也能满足有一定基础者的深造需求，建议制定详细的教学大纲，包括技法演示、历史背景、文化解读和实践操作，确保每节课内容充实而有层次。

3.搭建线上线下混合教学平台

线下：选择文化馆、社区艺术中心、非遗传承基地等适宜场所作为教学地点。

线上：利用微信公众号、小程序和视频平台，发布教学视频、操作指南和互动问答，实现知识共享和远程辅导。

4.策划文化体验与展示活动

定期组织非遗作品展览、技艺大赛、互动体验会等活动，让学员展示作品、交流心得，增强学习动力。同时，邀请专家现场点评，举办非遗文化讲座，让更多人了解传统技艺的历史和美学。

5.建立数据反馈与优化机制

设立学员评价体系，通过问卷调查和座谈会收集反馈信息，及时调整课程内容和教学方式，记录学员学习进程和作品成效，为日后精准推广和课程改进提供数据支持。

▶ 客户获取

1.社区宣传与传统文化推广

与社区居委会、老年大学、文化馆、博物馆等机构合作，通过海报、讲座、文化沙龙等方式宣传传承班，吸引热爱传统文化的老年人报名。

组织非遗技艺体验活动，邀请感兴趣的居民现场体验，感受传统艺术魅力，形成口碑效应。

2.线上社交平台与新媒体营销

利用微信公众号、抖音、快手等平台发布教学视频、学员作品和传承故事，形成文化传播效应。

通过线上直播、短视频挑战等形式吸引更多年轻群体关注，促进跨代互动。

3.口碑营销

设计"推荐有奖"活动，鼓励已报名学员邀请亲友加入，给予优惠券或文化礼品作为奖励。

收集并展示学员真实学习体验和作品，利用老年人的口碑传播，扩大影响力。

4.跨界合作与文化创意联名

与知名文创品牌、工艺品商店、旅游景区合作，推出联名产品或体验套餐，打造非遗文化品牌。

参加地方非遗展览和文化节，提升品牌曝光率和知名度。

▶ **温馨便利贴**

在传授传统技艺的同时，适当引入现代设计理念和审美观念，确保课程既保留原汁原味，又能适应当代市场需求。

根据不同学员的基础和兴趣，提供分级教学和个性化辅导，确保每位学员都能有所收获。在课堂上鼓励互动讨论和动手实践，增加学习的趣味性和参与感。

选择宽敞、明亮且具备传统文化氛围的教学场所，配备必要的工具和材料，方便学员操作；注意安全管理，尤其是使用剪刀、火等器具时，必须做好防护措施。

定期开展学员满意度调查和经验分享，收集教学反馈，不断改进课程设置。

关注非遗技艺的新动态和市场需求，及时更新教学内容，保持课程的活力和前沿性。

22 老年人才中介

周大爷：我这几十年在各行各业摸爬滚打，总觉得还有不少经验和技能，可如今退休了，却很难找到一个能发挥余热的平台。

李大妈：是啊，我年轻时当过教师，现在虽然离开了讲台，但我依然热爱教育事业。如果有个渠道，能让我们这些老年人发挥专长，同时赚点外快，该多好！

工作人员小张：各位，其实现在已经有了"老年人才中介"这一服务平台。我们旨在为拥有丰富经验的老年人才与需要资深顾问、兼职辅导、临时项目支持的企业和机构搭建桥梁。无论是企业培训、文化顾问、咨询服务，还是社区志愿服务，只要您有专长，我们都能帮您对接到合适的岗位，实现知识和经验的再利用。

周大爷：那真不错！我曾在管理岗位上摸爬滚打过几十年，如果有机会，也希望能为社会出一份力。

李大妈：我也愿意利用自己的教学经验，为有需要的孩子提供辅导，既能传授知识，也让自己的晚年生活更充实。

▶ 市场机会

1.老年人才资源的独特优势

越来越多的老年人仍保持着良好的工作能力和丰富的实践经验，他们拥有扎实的专业技能、丰富的社会阅历和独特的人生智慧，是当前社会宝贵的人力资源。然而，传统就业市场对老年人才关注较少，"老年人才中介"正好填补这一空白，为社会各界提供专业、可靠的人才服务。

2.社会对资深顾问和经验分享的需求增加

在快速变化的市场环境中，许多企业和机构对资深顾问、行业专家和经验丰富的导师需求迫切。老年人作为有长期积累经验的群体，正好能在企业培训、项目咨询和文化传承等方面发挥巨大作用。此举不仅有助于企业优化决策，也为老年人实现知识再利用提供了良好平台。

3.政府积极推动"积极老龄化"政策

近年来，国家及地方政府大力推动"积极老龄化"战略，鼓励老年人参与社会和经济活动。通过搭建老年人才中介平台，可以有效发挥老年人才优势，促进知识共享和跨代传承。同时，也为政府争取了更多社会资源和经济效益。

4.社会资本与文化价值的双重推动

随着文化创意和知识经济的发展，社会各界越来越重视精神文化财富和实践经验的价值。老年人才中介不仅有助于提高老年人的经济收入，更能让他们的智慧和经验在传承中创造更大的社会和经济价值，形成良好的社会效益。

▶ 一步步开启业务

1.整合资源与搭建平台

首先与社区、老年大学、行业协会、企事业单位等建立合作关系，整合具有各类专业背景和经验的老年人才资源，建立人才数据库。开发或引入一套"老年人才中介"信息管理平台，提供在线注册、简历上传、岗位匹配、咨询对接等功能，平台界面应简洁直观，并针对老年用户进行优化设计，支持大字体、语音提示等便捷操作。

2.制定服务体系与标准流程

制定针对不同岗位和项目需求的服务流程，包括岗位发布、简历筛选、面试辅导、合同签订和薪酬结算等环节，确保每个流程都符合相关法律法规。制定服务质量标准和评价体系，对老年人才和用人单位双方进行满意度调查，持续优化平台服务，或者可以引入专业的顾问团队，为老年人才提供职业规划、简历撰写、面试技巧等培训，提升其竞争力和市场认可度。

3.设计多元化的就业项目

根据市场需求，设计包括企业咨询、培训辅导、文化讲座、项目顾问、社区志愿服务等多样化就业项目，促进老年人才在不同领域的价值发挥。可以建立专项合作项目，如"银发企业家讲坛""资深导师计划"等，定期组织老年人才与企业、高校或社区的互动交流活动，结合线上和线下活动，定期举办招聘会、专场对接会和沙龙讲座，让老年人才有机会面对面展示自己的专长，并与用人单位建立良好联系。

4.建设配套的培训和服务支持体系

组织专题培训班和讲座，邀请行业专家进行成功案例分享，为老年人才提供专业技能提升和市场趋势解读。建立一对一的职业指导和咨询服务，帮助有需求的老年人才规划未来职业路径，并协助解决工作中的实际问题。

5.试点推广与持续改进

在部分社区或地区开展试点活动，邀请一定数量的老年人才和用人单位参与，收集使用数据和反馈意见，后续根据试点反馈不断优化平台功能、服务流程和项目设置，逐步形成成熟、可复制的运营模式；建立数据监控和评估体系，对老年人才中介服务的各项指标进行定期评估，为未来大规模推广提供科学依据。

▶ 客户获取

1.社区与老年教育机构推广

与社区居委会、老年大学、文化中心等机构合作，通过宣传栏、讲座、专题活动等方式推广老年人才中介服务，吸引有工作意愿的老年人报名。

在社区健康、文化活动中设立咨询台和展示区，现场解答疑问，帮助老年人了解和注册平台。

2.线上社交平台与数字营销

利用微信公众号、小程序、抖音、快手等新媒体平台发布成功案例、老年人才故事和平台功能介绍，形成口碑效应。

定期举办线上直播活动，邀请用人单位和老年人才代表分享经验，增强平台公信力和吸引力。

通过搜索引擎优化和社交广告投放，精准锁定目标群体，提升平台知名度和注册量。

3.企业合作与行业对接

与各大企业、培训机构、行业协会建立合作关系，推动企业向平台发布需求信息，并优先推荐符合条件的老年人才。

参加各类人才招聘会、行业展会和文化沙龙，将老年人才中介服务作为特色亮点进行展示，扩大行业影响力。

4.口碑营销

设计"老友推荐"活动，鼓励已成功就业的老年人才推荐亲友加入平台，并给予一定奖励或服务优惠。

收集和展示成功案例、用户评价和真实故事，通过口碑传播吸引更多老年人和用人单位开展合作。

▶ 温馨便利贴

每位老年人的经验和技能各不相同，平台在进行岗位匹配时应充分考虑个体特点和需求，确保精准对接，提供个性化职业规划和咨询服务，帮助老年人才更好地展示自身优势和实现职业价值。

针对老年用户，平台设计应注重大字体、语音提示和简化流程，确保每位用户都能顺利完成注册、简历上传和职位申请，提供详细的使用指南和客服支持，帮助不熟悉网络操作的用户顺利上手。

针对劳动合同、薪酬权益等问题，平台应与专业律师事务所合作，提供法律咨询和援助，确保老年人才合法权益。可以制定明确的服务协议和交易规则，确保用人单位与老年人才之间的合作公开、公平、透明。

建立定期回访和评价机制，收集老年人才和用人单位的反馈，不断改进平台功能和服务流程。同时，利用数据分析和市场调研，及时调整服务策略，确保平台始终满足市场需求和用户期待。

　　除了工作对接，平台还应组织线下沙龙、经验分享会和文化活动，帮助老年人才建立社交网络和精神支持系统。可以打造专属社群，让老年人才在相互交流中获得信任、鼓励和更多职业机会，进一步增强平台凝聚力。

第五章 设备服务

设备服务

23 二手辅具租赁

24 助浴快闪车

23 二手辅具租赁

　　刘先生：这支助行器用了十几年，早就跟不上我现在的步伐了，使用起来总觉得不稳当。

　　技术顾问张阿姨：其实现在有个"二手辅具租赁"平台，我们可以租借经过专业检测和整修的各类辅助设备，无论是助行器、轮椅还是电动升降床，都经过严格消毒和维护，既经济又安全。

　　刘先生：租借来的设备真的能达到安全标准吗？我可不想因设备问题再次受伤。

　　张阿姨：放心吧，每一件租出的辅具都要经过资深维修师傅的检测和消毒处理，平台还有专门的上门安装和操作培训。而且租赁模式灵活，按需租借，避免了长期占用资源和高昂购买成本。

▶ 市场机会

1.老龄化进程催生辅助设备需求

越来越多的老年人因行动不便和康复需求需要各类辅助设备，购买全新产品成本较高，而二手设备经过专业整修后，既能保证使用的安全性，又能大幅降低支出。

2.环保与循环经济理念的普及

二手辅具租赁模式符合当前资源循环利用和环保理念，通过再利用减少废弃物排放，受到政府和社会环保机构的支持。

3.市场细分与个性化服务需求

老年人对辅助设备的需求各异，通过租赁平台可以根据个体健康状况、使用频率和经济条件提供定制化解决方案，具有较高的市场竞争力。

4.政策支持与社会资本助力

国家和地方政府积极推动"智慧养老"和"绿色循环经济"政策，为二手辅具租赁提供政策扶持和资金支持，进一步激发市场潜力。

▶ **一步步开启业务**

1.整合回收与维修资源

建立与医院、康复中心、养老院及公益组织的合作渠道，收集闲置或报废的辅助设备。同时，组建专业检测和维修团队，对回收设备进行全面检测、清洁消毒及必要维修，确保每件设备均达到安全标准。

2.搭建用户友好的线上平台

开发专属的二手辅具租赁平台或小程序，实现设备展示、租赁预约、在线支付和售后服务一体化，界面设计需要简洁直观，支持大字号、语音提示和便捷操作，适合老年用户操作。

3.制定灵活的租赁方案

根据设备种类和使用时长，推出按天、按周、按月等多种计费方式，满足不同老年人的需求；设置优惠套餐和会员计划，对长期租赁或社区团购提供价格折扣和增值服务。

4.完善物流与上门服务体系

与专业物流及上门服务团队合作，实现设备配送、安装调试和回收维修的全流程服务；提供专线客服支持，确保用户在使用过程中遇到问题能及时获得帮助。

▶ **客户获取**

1.社区合作与线下体验

与社区居委会、养老院、老年大学等机构合作，在活动中设立体验专区，现场展示设备性能和租赁流程。

利用讲座和健康咨询活动，提高平台知名度和用户信任度。

2.线上推广与数字营销

借助微信公众号、抖音、快手等社交媒体发布设备评测、用户故事和使用技巧，形成良好口碑。

通过精准广告投放和搜索引擎优化，吸引目标群体访问平台并注册租赁。

3.口碑传播

鼓励现有用户邀请亲友加入，给予优惠或积分奖励。

收集并展示真实用户评价和使用案例，通过社区口碑和线上互动，扩大平台影响力。

4.跨界合作与公益联动

与医疗机构、康复中心及政府公益项目合作，推广辅具租赁服务，为低收入或特殊需求的老人提供租赁补贴。

参与"绿色养老"主题活动，借助环保理念提升品牌形象，吸引社会资本支持。

▶ 温馨便利贴

所有租赁设备必须经过严格检测、维修和消毒，确保在使用过程中稳定可靠；定期更新设备型号，保持产品技术领先，满足老年人日益提高的需求。

平台界面设计应符合老年用户习惯，提供简化操作步骤和详尽的使用指南；设置全天候客服热线和在线支持，帮助用户迅速解决租赁过程中遇到的问题。

针对不同用户需求，提供短期试用、长期租赁及家庭共享等多种方案；根据用户反馈，不断调整租赁周期和价格策略，确保服务具有市场竞争力。

与专业物流公司合作，确保设备配送、安装、调试和回收的高效运行；制定完善的售后服务和维修体系，及时解决用户使用中的问题，提升满意度。

宣传二手设备循环利用的环保价值，提升品牌在社区和社会中的正面形象；鼓励积极参与公益和环保活动，传递绿色生活理念，增强用户对平台的认同感。

24 助浴快闪车

刘大爷：我这把老骨头，腿脚不太利索，每次洗澡都要费半天劲，万一摔倒可不得了。

志愿者小陈：大爷，您有没有听说"助浴快闪车"？这是专门为行动不便的老年人提供的流动助浴服务，车上有专业设备，还有护理人员上门帮助，让您在家门口就能安心洗个热水澡。

刘大爷：还有这样的服务？怎么个洗法？

小陈：助浴快闪车是一种移动浴室，里面有无障碍设计、防滑设施、可调节座椅，还有恒温热水系统。护理员会全程协助，确保您舒适又安全。

刘大爷：什么时候来我们小区啊？我要第一个报名！

小陈：没问题，我们正计划社区试点推广，到时候给你们优先安排体验！

▶ 市场机会

1.老年人助浴需求庞大

许多老年人因行动不便、肌肉力量下降或慢性病影响，洗澡变成一件危险又困难的事情。特别是在冬季或南方湿冷天气里，洗澡安全成为家庭关心的重点，助浴快闪车提供了一种灵活、安全、便捷的解决方案。

2.独居和空巢老人增加，专业助浴服务不足

许多老年人独居或与老伴共同生活，缺乏专业护理员帮助洗澡，而目前市场上，助浴服务多集中在养老院或机构护理中，缺乏专门针对居家老人的流动助浴服务，市场空缺明显。

3.智慧养老与流动服务结合的新机遇

近年来，智慧养老服务逐渐兴起，助浴快闪车可以与社区医疗、居家护理等相结合，形成完整的健康支持体系。此外，政府和社会组织也

逐步关注老年人居家养老的需求，为流动助浴服务提供政策支持和推广机会。

4.多功能运营模式，拓展市场可能性

助浴快闪车不仅可以为个人提供服务，还可以与医院、康养中心、社区合作，成为医疗康复服务的补充，它还可以与助老志愿者、护理机构、政府养老服务相结合，形成规模化运营模式。

▶ 一步步开启业务

1.购置与改造助浴快闪车

选择适合城市街道通行的轻型车辆，并进行无障碍化改造，需要配备恒温热水系统、防滑地板、可调节助浴椅、安全扶手等，确保老年人可以安全使用。同时，车内应该安装隐私保护设施，让老年人能够在舒适的环境中安心沐浴。

2.专业护理团队与培训

招募有助浴经验的护理员，并进行系统培训，包括安全助浴技巧、老人情绪安抚、紧急应对措施等，定期开展技能考核，确保护理员服务质量；配备医护支持人员，针对老年人特殊健康状况提供个性化助浴方案。

3.合理规划服务路线与运营模式

选择老龄人口密集的社区、老年公寓和独居老人较多的区域，设定助浴快闪车的固定服务点，结合预约制与定期巡回服务模式，提高运营效率。

4.设定助浴服务套餐

依据老年人的身体状况，制定不同的助浴方案，如标准助浴、护理级助浴、康复助浴等，提供单次收费、会员卡制度、家庭套餐等多种支付模式，提升用户黏性；可以设立公益助浴日，为低收入老年群体提供免费或优惠服务，提升社会影响力。

▶ 客户获取

1.社区宣传与口碑推广

与社区养老中心、老年大学、广场舞队伍等合作，通过讲座、体验活动等形式，让老年人了解助浴快闪车的便利性。

结合冬季养生、居家护理等主题，举办安全助浴体验活动，吸引老年人亲身体验。

2.社交媒体与互联网推广

在微信公众号、短视频平台（如抖音、快手等）发布助浴案例、使用流程和老年人反馈，增强信任度。

通过线上预约系统，让子女可以远程为父母预约助浴服务，增加年轻群体的关注度。

推出"首单体验优惠"，吸引更多人尝试。

3.与医疗、养老机构合作

与康复医院、社区卫生站、养老机构合作，为术后恢复期老人、慢病患者提供定制化助浴服务。

在医院或康养中心设立推广点，直接向有需求的老人及其家属介绍服务。

4.建立会员制度与转介绍奖励

设立会员积分制度，老年人每次使用可累计积分，兑换助浴服务或健康礼品。

设立"推荐有礼"机制，老年人推荐朋友使用，可享受折扣或额外服务，提高用户转化率。

> **温馨便利贴**

车内配备紧急呼叫系统，确保意外发生时能迅速求助；护理员接受急救培训，掌握突发状况处理方法。

车辆每日进行消毒，保证卫生环境达标。

车内设立可调节遮挡屏，确保助浴过程私密性；配备同性护理员，增强用户舒适感；设立单独预约时段，让老人能在更私密的环境下接受服务。

冬季提供更高温度的热水调节，确保老年人不会受凉；车辆具备移动供暖和通风系统，保证室内环境舒适。若遇天气恶劣情况，提前通知用户改期或提供替代方案。

通过定期回访，了解老年人需求变化，优化助浴体验；设立专属客服，帮助老年人预约和答疑；提供更贴心的服务，发展家庭助浴套餐，让家人也能参与进来，共同关注长辈健康。

第六章 文化情感

文化情感

银发旅拍服务 28　　27　　26 人生回忆录拍摄

25 节日活动策划

遗忘抵抗计划

25 节日活动策划

王阿姨：又是包饺子比赛，去年、前年都办了，都没啥新意呀。

李大爷：要不今年换点新花样？

王阿姨：可是，我们该怎么策划呢？

李大爷：我孙女学校里搞的"春节文化体验周"挺有意思的，有非遗手工、戏曲体验、传统游戏，这些咱们老年人也可以试试。

王阿姨：听着不错！要不我们联合社区一起来策划一个更有趣的节日活动，让老少都能参与？

▶ **市场机会**

1.老年人对传统节日有情感需求，但活动形式单一

节日已经不仅是家庭团聚的时刻，也是老年人情感寄托的重要节点。然而，许多社区和机构的节日活动年年相似，缺乏创新，导致老年人兴趣降低。可以结合文化体验、新型互动模式的策划方案，激发老年人的参与热情。

2.亲子互动需求增长，跨代共庆成为趋势

越来越多的年轻人希望与长辈共同庆祝节日，但现代都市生活让家庭成员分隔两地，减少了共同庆祝的机会，策划既适合老年人又能吸引年轻人和儿童参与的节日活动，有助于促进家庭团聚，增强代际情感连接。

3.社区文化活动需求提升，节日经济效应明显

随着各地社区文化建设的推进，政府和社会机构越来越重视节日活动对社会凝聚力的作用，节日已经不仅是文化传承的载体，也能带动相关的消费，如节日手工集市、特色美食展等，具有一定的经济价值。

4.个性化与主题式活动成为新趋势

传统节日活动逐渐向个性化、主题式方向发展，例如汉服体验节、中式书信交换、怀旧音乐会等，能够让参与者获得更深刻的文化体验，

同时，也提升了活动的吸引力和传播度。

▶ 一步步开启业务

1.确定节日主题，策划多元活动

结合传统节日特色，如春节的"家风故事会"、端午的"非遗技艺体验"、中秋的"月光下的诗会"。可以引入现代元素，如音乐会、剧本杀、节日集市等，让节日庆祝更具趣味性和时代感。

2.与社区、机构及商家合作

联合社区中心、养老院、文化馆，共同策划活动，提高资源利用率。可以邀请非遗传承人、戏曲演员、书法家等，为活动增添文化深度。也可以选择与本地商家合作，如餐饮店、花店、手工艺工作坊等，提供节日相关产品或服务，形成节日经济闭环。

3.组织志愿者团队，确保活动顺利进行

吸纳大学生志愿者、社区工作人员，为老年人提供活动引导和陪伴；设立活动协调小组，负责时间安排、物资管理、紧急情况应对等。同时，可以结合线上工具，如微信群、短视频平台等，进行前期宣传和活动回顾。

4.设计纪念品与互动体验

可以制作"节日回忆相册"，将活动照片整理成电子或纸质相册，增强仪式感。可以设立"节日心愿墙"，鼓励老年人书写新年愿望，并在下一年回顾实现的情况。

▶ 客户获取

1.社区推广与居民互动

在社区公告栏张贴宣传海报，吸引老年人报名。

组织小型前期体验活动，如节日前的文化讲座，提前调动居民兴趣。

通过社区工作人员、物业人员口口相传，提高活动知晓度。

2.社交平台宣传，吸引年轻人带动老年人

在微信公众号、抖音、小红书等平台发布活动预告，吸引年轻人关注并带家中长辈参加。

结合"亲子活动"标签进行推广，让年轻人也愿意加入节日庆祝。

通过短视频或直播等，让未能到场的家人也能看到老年人的欢乐时刻，增强情感连接。

3.合作机构推荐

与社区养老机构、医疗中心、文化馆等合作，让他们向适龄老人推荐活动。

通过社工组织、老年大学推广，让更多老年人了解并参与。

结合政府扶持项目，如"敬老文化月"等，将活动纳入官方节日庆祝活动的一部分。

4.老年人自传播

让参与者分享活动感受，鼓励他们推荐亲朋好友参加下一次节日活动。

组织"老年社交群"，让他们在活动结束后保持联系，形成长期的

社群互动。

通过纪念品或回顾视频，让老年人对活动保持美好记忆，增强口碑传播。

▶ 温馨便利贴

避免过于紧凑或消耗体力的活动，如长时间站立的演出，安排足够的休息时间和座椅。

提供适宜的饮食和饮品，注意老年人的饮食禁忌，如减少高糖、高盐食物。

设立医疗应急点，配备基本急救药品，并安排志愿者照顾身体较弱的老人。

在节日策划中融入不同地域、不同文化的庆祝方式，让更多老人找到熟悉感。

可设置多个活动区域供选择，倾听老年人的需求，定期收集反馈，不断优化活动内容。

通过活动总结、回顾视频等方式，让老人可以回味美好时刻；通过成立"节日策划小组"，让有兴趣的老人参与下一次活动的策划，增强归属感。

结合社会公益，如慰问孤寡老人、筹集爱心年夜饭等，让节日不仅是欢乐庆祝，也能传递温暖。

26 人生回忆录拍摄

小林：爸，你还记得这张照片吗？

林老先生：当然记得，这是我刚参加工作时拍的，那时候还是个小伙子呢！

小林：那我们拍一个人生回忆录吧！就像纪录片一样，把您的故事记录下来，让我们这些后辈更好地了解您的人生。

林老先生：人生回忆录？这主意不错，但要怎么拍呢？

小林：交给我吧，我找个专业团队来帮忙！

▶ 市场机会

1.老年人群体对生命回顾和情感留存的需求增加

越来越多的老年人希望系统梳理人生历程，但传统文字回忆录存在撰写门槛高、表现力有限等问题。本项目可以以纪录片式影像为载体，通过口述历史、老照片活化、场景重现等手法，帮助老人轻松完成"人生数字化存档"，填补了银发群体情感表达的市场空白。

2.家庭成员希望保留长辈的故事，增强亲情联系

当代年轻家庭普遍面临"家族记忆断层"焦虑，很多子女无法完

整复述父辈青年时代故事。该项目精准抓住"家庭情感消费"趋势，将单次拍摄服务延伸为跨代沟通纽带——通过祖孙共同参与的"老物件寻访""年代场景复刻"等环节，在记录过程中自然强化家族认同感，打造比全家福更具深度的亲情载体。

3.短视频与影像记录市场的快速发展

近年来，短视频、纪录片类内容的受众越来越广，个性化的影像服务需求激增。人生回忆录拍摄不仅可以满足老年人和家庭的需求，还可以与社交媒体、文化项目相结合，成为一种新的纪实文化形式，部分优质内容还可与地方文旅项目合作，转化为"城市记忆"公益档案，拓展商业价值外延。

4.数字存储与个性化影像服务的结合，为新业务模式提供可能

依托AI修复（老照片上色/模糊影像增强）、区块链存证（永久性

数字遗产保存）、互动影集（扫码观看动态故事）等技术，将基础拍摄升级为全生命周期服务，未来可延伸出"年度记忆更新""家族树影音库"等增值产品，构建持续盈利模式。

▶ 一步步开启业务

1.制定拍摄方案，提供个性化服务

设定不同主题，如"人生重要时刻""职业生涯回顾""家庭故事"等，满足不同需求；可以提供采访式拍摄、场景化重现、配音讲述等多种记录方式，增强影片的叙事性，或者根据老年人的表达习惯和身体状况，安排舒适的拍摄节奏，避免长时间疲劳。

2.整合影像制作资源，提升专业度

与摄影工作室、纪录片导演、剪辑师合作，确保视频质量；可以提供后期制作服务，如添加字幕、背景音乐、特效，增强视觉体验，或者结合AI技术进行老照片修复、声音合成，使影像内容更加完整。

3.开发长期存储与分享服务

提供USB影像存储、云端备份等选项，确保数据安全；可以设立"家族影像库"服务，让家族成员共同上传和观看。

4.优化用户体验，提升互动性

设立拍摄前的访谈环节，帮助老人梳理人生经历，提升表达流畅度，或者让家人共同参与，如录制亲子对话、回忆家族传统，增强代际互动，提供纪念版影像书；将视频内容转写成文字，并配上照片，形成

多元记录方式。

▶ 客户获取

1.社区与养老机构推广

在老年大学、社区文化中心、养老院等地进行宣传，吸引对人生记录感兴趣的老人。

结合老年兴趣班，如摄影、写作课程，向学员推荐人生回忆录服务。

通过社工组织，向独居老人、抗战老兵等特殊群体提供公益拍摄服务，提高社会认可度。

2.家庭成员转介绍

让已拍摄的客户分享体验，形成口碑传播。

结合节日营销，如父亲节、母亲节等，推出"送一份时光礼物"的概念，吸引子女为长辈定制。

设立家族影像合辑，鼓励客户为多个亲属制作回忆录，提升复购率。

3.社交平台与短视频营销

发布部分经典人生回忆片段，引起情感共鸣，吸引潜在客户。

开设线上直播，邀请客户分享拍摄感受，提高互动性。

4.跨界合作，拓展商业价值

与家谱研究机构、地方历史文化团队合作，将个人故事融入更大的历史背景。

联合影像存储公司，推出"家庭影像年鉴"产品，提供年度更新服务。

结合纪念品制作，如定制影像书、投影相框等，为用户提供更多增值服务。

▶ 温馨便利贴

设定合理的拍摄时间，每次拍摄控制在1~2小时，避免过度疲劳；提供舒适的拍摄环境，如家中、熟悉的公园等，让老人更放松；适当安排休息环节，确保拍摄过程轻松愉快。

在拍摄前明确沟通，尊重老年人不愿分享的部分，设立不同隐私等级，允许客户选择公开、私密或仅限家族成员观看。

确保数据安全，避免未经授权的影像外泄。

27 遗忘抵抗计划

王奶奶：这个演员，我以前很喜欢的，叫什么来着……

孙女：是秦汉。

王奶奶：对，秦汉！最近总觉得脑子不好使，很多事转眼就忘。

孙女：奶奶，要不试试最近流行的"遗忘抵抗计划"？社区里刚推出的。听说是专门为预防记忆衰退的老年人设计的，有游戏、音乐、手工，还有回忆训练。

王奶奶：那就试试吧，跟时间赛跑，总比被遗忘拉着走要好。

▶ 市场机会

1.认知衰退成为老龄社会的重要挑战

许多老年人会经历不同程度的记忆力减退，甚至是认知障碍，阿尔茨海默病等认知疾病的高发，使得"如何保持大脑活力"成为银发群体的重要需求。

2.市场上缺乏系统性的认知训练方案

目前市面上的认知训练大多零散，如单纯的拼图、朗读、计算训练等，缺乏系统性。针对老年人的综合认知锻炼项目仍处于初步发展阶段，存在较大的市场空缺。

3.情感需求与社交互动成为关键因素

认知训练不仅需要智力刺激，还需结合社交互动和情感共鸣，以提高大脑的活跃度。因此，一个融合回忆、互动、游戏等元素的认知训练项目，更能满足老年人的需求。

4.科技与传统结合，拓宽商业化可能性

如今，AI语音助手、虚拟现实（VR）和智能设备的发展，让认知训练方式更加多样化，结合这些科技手段，可进一步提升体验，并为市场提供更具吸引力的解决方案。

▶ 一步步开启业务

1.制定科学的认知训练方案

结合专业认知训练理论，设计不同难度的练习内容，包括语言记忆、逻辑推理、空间认知等；可以设立"回忆时光"模块，鼓励老年人分享过去的故事，增强记忆能力，或者结合手工艺、音乐、绘画等感官刺激活动，提升训练的趣味性。

2.打造多元训练模式，增强互动性

可以采用游戏化设计，如记忆卡牌、拼图、谜题挑战等，提高参与感，或者组织线下互动，如回忆主题茶话会、故事接龙等，加强社交联系，也可以利用智能设备，如语音助手进行每日记忆挑战，或通过VR体验过去的经典场景。

3.结合心理关怀，提供长期跟踪

设立"认知健康档案"，记录训练进度，提供个性化训练建议。同时，需要定期评估记忆状况，结合医生或专业人士的建议进行调整。

4.开发线上与线下结合的运营模式

可以线上推出"每日记忆挑战"，让老年人随时进行简单的认知训练，或者线下组织定期活动，如"记忆马拉松"或"故事复述比赛"，提升趣味性。同时，可以结合AI语音技术，打造"回忆助手"，每天进行记忆提问和对话交流。

▶ 客户获取

1.社区养老中心与健康机构合作

在社区健康中心、老年大学、养老院推广，吸引有认知衰退风险的老年人。

与医院神经内科、心理健康中心合作，推荐给早期认知障碍患者及家属。

设立体验课，让老年人亲身感受训练效果，提高转化率。

2.社交平台与口碑营销

在抖音、小红书等平台分享真实训练案例，吸引关注。

通过短视频或直播，向老年用户展示参与训练的乐趣和成果。

鼓励用户在社群中分享"遗忘抵抗日记"，形成用户自传播。

3.亲属推荐与节日营销

推出"家庭记忆挑战赛"，让子女与老人共同完成任务，增强亲情互动。

结合重阳节、母亲节等节日，推出"送父母一份回忆守护"的活动。

设立会员推荐机制，鼓励用户邀请朋友或家人参与训练。

4.企业与公益组织合作

与健康保险公司合作，将认知训练作为健康管理增值服务之一。

结合公益组织，推出低价或免费体验课程，提高社会影响力。

设立公益认知训练班，吸引政府或基金会支持，增强品牌认可度。

▶ **温馨便利贴**

　　训练内容要循序渐进，避免挫败感；设计多个难度等级，让用户根据自身情况选择；要以鼓励为主，避免因失败而产生焦虑情绪；可以设立可视化进度追踪系统，让用户看到自己的提升。

　　增强情感连接，提升训练的持久性；可以结合亲属参与，让家庭成员成为陪伴者；利用回忆训练模块，如听老歌、讲述旧时光，让老人更投入。

28 银发旅拍服务

小李：妈，这趟旅行我们请了专业摄影团队，给你和爸拍一组旅拍照片。

李妈妈：旅拍？哎呀，我们年纪大了，拍什么旅拍啊，年轻人才喜欢这些。

小李：妈，这可不是普通的拍照。你看，这是上次他们拍的，一对老夫妻在茶园里穿着汉服，笑得特别幸福。

李妈妈：这个……倒是挺好看的。

小李：对呀，而且摄影师会帮你选最适合的风格，不管是复古旗袍、民国风，还是田园休闲风，都可以定制，趁这次出游，给你和爸留下一些美好的纪念，好不好？

李妈妈：那……就试试吧。

▶ 市场机会

1.银发群体对高质量影像记录的需求增加

过去老一辈的照片大多是黑白或翻拍的低清晰度照片，而随着消费观念的升级，越来越多的老年人希望留下更高质量的影像，尤其是外出旅行时，能够定格珍贵瞬间。

2.旅拍不再是年轻人的专属

旅拍行业早期主要面向年轻情侣或家庭，而如今，银发族旅拍逐渐成为新趋势，越来越多的老年人希望通过照片展现自己的风采。同时，也希望留下更具纪念意义的影像。

3.情感价值高，市场接受度强

相较于普通摄影，旅拍更注重情感表达，对于银发群体而言，一张高质量的旅拍照，不仅是旅行的回忆，也是人生故事的见证，子女更加愿意为父母购买此类服务，作为自己表达孝心的礼物。

4.定制化、体验式服务提升附加值

旅拍不仅是拍照，还可以提供个性化服装、化妆造型、场景设计等增值服务。结合短视频制作、旅行纪念册等周边产品，可以进一步扩大

市场空间。

⊙ 一步步开启业务

1.建立专业银发旅拍团队

可以组建熟悉老年人拍摄需求的摄影师、化妆师和服装造型师团队。同时，开发"轻松拍摄"方案，减少老年人面对镜头的紧张感，提高拍摄体验；研究适合老年人的拍摄风格，如复古风、民族风、田园风等，并提供相关服饰道具。

2.精选适合旅拍的目的地与场景

选择适合老年人出行的景点，如古镇、公园、海滨、茶园等，规划旅拍专属路线，避免过度奔波，保证舒适体验，也可以提供专车接送、休息区等配套服务，增强体验感。

3.打造一站式旅拍服务

提供拍摄前咨询，包括风格建议、服装搭配、化妆造型指导等，也可以设计"回忆影像册"服务，将照片制作成纪念相册或视频短片，或者结合AI修图、视频剪辑，让成片更加精美动人。

4.推出亲子旅拍套餐

设计"银发+子女"旅拍组合，满足家庭用户需求。

提供"祖孙三代合影"服务，记录家庭情感瞬间。

设立"父母旅行纪实"栏目，为家庭打造专属旅行故事影像。

▶ 客户获取

1.通过旅行社与旅游平台合作推广

与银发旅行团、旅游机构合作，提供旅拍增值服务。

在旅游网站上推出旅拍套餐，结合目的地推广。

与高端定制旅行服务商合作，提供专属拍摄方案。

2.社交媒体与口碑营销

在抖音、微信朋友圈、小红书等平台，分享银发旅拍作品，吸引用户关注。

鼓励客户分享自己的旅拍体验，形成口碑传播。

结合短视频营销，让更多人看到"老年旅拍"的魅力。

3.子女市场的精准投放

通过亲子平台、孝心礼品推广，让子女为父母购买旅拍服务。

结合母亲节、父亲节、重阳节等节日推出特别套餐。

设立"拍摄送父母"礼品卡，让子女能以更便利的方式为父母安排拍摄。

4.与养老机构、社区活动中心结合

在社区老年活动中心推广，组织"银发旅拍体验日"。

与养老公寓、健康中心合作，提供旅拍优惠服务。

设立"老友旅拍"计划，让老年朋友结伴旅拍，提升社交乐趣。

> **温馨便利贴**

　　关注老年人的身体状况，选用轻便易穿的服饰，避免长时间站立拍摄，设立休息时间，配备茶点和座椅等；选择温和的光线和温度适宜的季节进行拍摄，提升舒适度。

　　尽量营造轻松自然的氛围，让老人放松，提供情绪引导，让老年人自然表达情感，而非刻意摆拍；使用互动式拍摄，如边散步边拍摄，增加画面生动感；可以让家人或朋友陪同拍摄，提升安全感和参与度。

第七章 轻资产创业

轻资产创业

29 适老化产品测评

老年网红孵化营 **32**

31

30 老年社群团购

养老金规划咨询

29 适老化产品测评

小赵：爸，你的新手机用得怎么样？

老赵：这屏幕上的字太小了，我老是看不清。还有这个语音助手，怎么老是听不懂我说的话？

小赵：看来这款"老年机"并不怎么适老化啊。

老赵：就是啊，买的时候店员说专门给老人设计的，结果用了才发现，很多功能还是不太方便。现在市面上的产品，真正能让老年人用得舒服的，恐怕不多吧？

▶ 市场机会

1.适老化产品市场快速增长，但用户反馈参差不齐

随着老龄化社会的加剧，适老化产品需求大幅增长，涵盖智能设备、家居用品、辅助工具等。然而，许多产品打着"适老化"旗号，仅放大字体或者图标就宣称适老化，但实际体验并不理想，缺乏系统化的设计，导致老年人购买后使用困难，甚至浪费钱财。

2.老年人和子女对专业测评的需求强烈

许多老年人在选择适老化产品时缺乏判断标准，而年轻子女在购买

时也往往被宣传误导，如果有专业的测评内容，就可以帮助消费者做出更明智的选择，避免踩坑。

3.优质测评内容具有较强的商业价值

如今，各大电商平台、社交媒体和短视频平台等都在推动内容电商，如果有针对适老化产品的真实测评，不仅能吸引流量，还能与品牌方合作，通过推广优质产品获得收入。

4.政府和社会机构关注适老化标准建设

近年来，政府开始推动适老化标准制定，如果测评项目能够结合相关政策，与政府部门、养老机构等合作，就可以提供更具权威性的测评报告。

▶ **一步步开启业务**

1.搭建测评团队，明确测评标准

组建由老年人、年轻体验官、产品专家组成的测评团队，确保测评结果客观可信；参考国家适老化标准，制定产品测评维度，如操作便捷性、视觉可读性、语音交互能力等，或者设立"长者真实体验"环节，确保测评不只是理论分析，而是真实使用后的反馈。

2.建立测评内容输出机制

在社交媒体平台（如抖音、B站、小红书等）上发布测评短视频，吸引关注；撰写深度测评文章，在微信公众号、知乎等平台进行传播。同时，建立独立网站或APP，汇总适老化产品测评结果，形成数据库，方便用户查询。

3.拓展测评品类，增强影响力

初期可以从智能手机、智能家居产品等高需求品类入手，逐步扩展至拐杖、助听器、老年家居用品等，结合用户反馈，增加针对不同老年群体（如视力衰退、听力障碍人群）特定需求的测评项目，后续可以开展"适老化排行榜"，每季度评选出最佳适老化产品，提高公信力。

1.开发商业合作模式，形成收益

可以与电商平台合作，通过推荐优质适老化产品获取推广收益，或者与养老机构、健康管理公司合作，提供适老化产品咨询服务，也可以申请政府或企业资助，推动适老化产品标准建设和改进。

▶ 客户获取

1.通过社交媒体传播，吸引关注

在抖音、B站、小红书等短视频平台发布适老化产品测评视频，吸引老年人及其子女观看。

通过微博、微信公众号等图文平台，撰写详细的测评报告，提高搜索曝光度。

组织线上直播测评，与用户互动，解答关于适老化产品的疑问。

2.依托电商平台，提高测评可信度

在淘宝、京东、拼多多等电商平台开设"适老化测评"专栏，与品牌方合作推出"经过测评推荐"标签，提高用户购买信心。

建立测评社区，让用户分享自己的使用体验，形成口碑营销。

3.与养老机构、社区建立合作

与社区养老中心合作，在活动中展示测评产品，并提供现场体验。

与老年大学、老年社团合作，邀请老年人参与产品试用，提高真实测评的权威性。

设立线下体验馆，让老年人可以亲自试用并提供反馈。

4.打造"子女推荐"模式，提高影响力

在子女群体中推广测评内容，让他们在选购适老化产品时参考测评报告。

结合母亲节、父亲节、重阳节等节点，推出"送爸妈一份靠谱儿的

适老化产品"系列推荐活动。

设计"爸妈试用体验"活动,让老年人亲自参与测评,提高真实度和互动性。

▶ **温馨便利贴**

保证测评的客观性和公信力,避免商业化过度影响测评结果,确保推荐的产品真正适合老年人。尽量采用"双盲测评"方法,确保评测人不知道品牌,以防产生偏见;公开测评标准,让用户可以自行参考和验证。

关注不同老年群体的特殊需求。适老化产品并非一刀切,不同身体状况的老年人需求不同,因此测评应细分,如专门针对视障老人的大字大屏手机、针对听障老人的高音质助听设备等,可以增加真人试用环节,让不同需求的老年人亲自体验,提供多样化反馈。

结合政策与标准,提高影响力。及时关注政府发布的适老化产品标准,测评内容与政策标准接轨,争取政府、学术机构合作,提升测评的专业性和社会认可度,尽量鼓励品牌根据测评反馈优化产品,推动适老化行业发展。

30 老年社群团购

群管理员：各位，最近有人反映菜市场价格有点高，要不要试试团购，大家一起下单会更划算？

刘大姐：好主意！我常买的有机蔬菜和土鸡蛋，通过团购肯定能省不少。

老王：上次我在街坊推荐的那个团购平台，服务挺好的，质量也有保障，这次咱们可以试试那个！

▷ 市场机会

1.老年人消费群体的不断扩大

截至2023年年末，中国60周岁及以上老年人口超2.9亿，且老年消费市场规模年均增速达25.6%，生鲜、健康食品为核心需求品类，老年人从"价格敏感"转向"品质+性价比"双重考量，团购的批量议价能力可满足其"省钱不降质"诉求。

2.社交网络普及促进信息互通

如今，微信、QQ等即时通信工具已深入老年人生活，老年群体通过社群交流购物信息、分享团购经验的现象越来越普遍，团长（如群管理员）作为社区KOC（关键意见消费者），通过即时沟通、售后跟进，解决老年人对线上购物的信任问题，极大降低了信息不对称问题。

3.区域性消费与本地化服务需求上升

老年人活动半径通常在3公里内，社区团购的"集中采购+自提/配送"模式可减轻其出行负担，同时，满足其对新鲜度（如土鸡蛋）的高要求。社区内的老年人往往消费习惯相似，对生鲜、日用品等产品有较高需求，团购不仅能实现规模效应，还能通过本地化配送提升服务质量。

4.政府与企业推动智慧养老发展

各级政府及社会机构对智慧养老、社区团购等新型消费模式大力扶持，政策支持和补贴为老年社群团购提供了有力保障，推动整个模式的成熟和推广。

▶ 一步步开启业务

1.组建老年社群团购平台

开发专门针对老年人的社群团购微信小程序，界面简洁、操作方便，适合手机操作，比如集成社群交流、产品展示、下单支付、配送跟踪等功能，形成一站式服务系统。

2.整合本地供应链资源

与本地农场、批发市场、日用品供应商建立合作，确保产品品质和价格优势；可以签订长期供货合同，确保团购订单量稳定，降低采购成本。

3.制定标准化运营流程

设计产品审核、订单管理、物流配送、售后服务等全流程标准，确保每一环节高效运作；建立起客户反馈机制，定期收集老年人使用意见，不断优化服务流程和产品选择。

4.建立团长制度与激励机制

设立社区团长，由老年人自愿担任，负责信息传递、订单组织与协调；可以推出奖励计划，如团购成功奖励积分、现金红包或优惠券，激励团长积极组织团购。

5.试点推广与品牌建设

在部分试点社区先行推广，收集数据和反馈，调整产品线和服务模式；可以通过成功案例和用户口碑打造品牌形象，扩大推广范围，逐步覆盖更多社区。

客户获取

1.依托社区与老年组织

与社区居委会、老年大学、养老院等合作，借助线下活动宣传团购平台。

在社区公告栏、活动中心等地设置宣传展板，发放宣传单，直接触达目标群体。

2.线上社交媒体推广

在微信公众号、微信群、抖音等平台发布团购信息、优惠活动和成功案例，吸引老年人及其子女关注。

定期举办线上直播，邀请供应商和团长分享购物经验，增加平台曝光度。

3.口碑营销

设计"老友推荐"活动，鼓励现有用户邀请亲朋好友加入团购，给予积分奖励或优惠券。

收集并展示用户的真实评价和购物体验，通过口碑传播提高平台信任度。

4.跨界合作与品牌联动

与本地农产品市场、日用品店、健康养生品牌等跨界合作，推出联名优惠套餐。

参与社区节日活动、健康讲座等，现场展示团购平台，吸引更多老年人注册使用。

> **温馨便利贴**

注重产品质量与供应稳定，定期审核供应商资质，确保产品符合老年人健康需求。建立库存预警系统，防止因供货不及时造成团购订单延迟。

尽量简化操作流程，确保易用性，如设计大字号、图标清晰的界面，确保老年人能轻松下单，或者提供语音操作和在线客服支持，帮助不熟悉操作的用户顺利购物。

构建用户社群，增强互动交流，比如建立微信群、QQ群等交流平台，定期组织线下团购分享会，增强用户黏性，也可以鼓励用户反馈购物体验，持续优化平台功能和服务质量。

31 养老金规划咨询

金融顾问刘女士：各位，我听说你们在谈养老金规划，其实现在有一种新服务，可以帮助大家科学配置养老金，提前规划退休生活。

李先生：养老金这么多年一直是个难题，我总觉得存够钱就行，可实际生活费用却总是让人捉襟见肘，到底我们该怎么合理规划呢？

刘女士：这正是"养老金规划咨询"的意义所在。我们的服务可以根据您的当前储蓄和预期支出制定个性化方案，还能结合市场走势、税收优惠和医疗支出等因素，为您量身定制一份全方位的养老金规划，让您的退休生活更有保障。

张女士：以前总听说投资养老金要注意风险，现在有人能为我们提供专业咨询，真是让人放心多了。

▶ 市场机会

1.老龄化加速与养老金不足问题凸显

随着人口老龄化加剧，养老金缺口问题日益突出，很多退休老人面临经济压力，专业的养老金规划咨询服务，可以帮助他们合理配置资产，降低未来风险。

2.金融产品复杂化与信息不对称

现代金融市场产品纷繁复杂，老年人及其家庭往往缺乏足够的信息和专业知识，难以做出理性的投资决策。专业咨询机构能够提供权威建议，减少信息不对称。

3.个性化需求提升与定制服务趋势

每位老年人的财务状况、消费习惯和退休目标各不相同，定制化的养老金规划方案能更好地满足多样化需求，从而赢得市场认可。

4.政策扶持与社会关注助推专业服务

政府在积极推动养老保障体系改革，出台了多项扶持政策，金融机构和社会资本也在加大对养老理财产品的研发和推广，给养老金规划咨询服务提供了有利的外部环境。

▶ 一步步开启业务

1.组建专业团队与合作网络

招募资深金融专家、养老规划师和税务顾问，构建跨学科团队，比如与银行、保险公司、证券公司及政府部门建立战略合作关系，共享最新政策和产品信息。

2.开发个性化规划工具

可以利用大数据与人工智能技术开发在线规划系统，收集用户财务信息、生活需求和风险偏好，生成定制化养老金规划方案。同时，界面设计简洁直观，适合老年用户使用，并提供详细的操作指南和视频教程。

3.建立线上线下咨询渠道

可以设立专属微信公众号、小程序及热线电话，为用户提供随时在线的咨询服务，定期在社区、老年大学等举办线下讲座和座谈会，解答常见问题，并推广成功案例。

4.制定服务套餐与增值服务

根据客户需求，设计基础、专业和VIP不同层次的咨询套餐，比如提供定期回访、资产重组建议、风险管理培训等增值服务，确保规划方案动态调整，或者推出"以咨询换积分"计划，用户参与分享成功经验可获得未来服务折扣。

◉ 客户获取

1.依托社区和老年机构推广

与社区居委会、养老院和老年大学合作，通过讲座、宣传册和专题沙龙推广养老金规划咨询服务。

安排免费体验咨询活动，让老年人亲自感受专业规划带来的好处。

2.线上推广与社交媒体营销

利用微信公众号、抖音和小红书等平台发布金融知识科普、成功案例和用户访谈，吸引潜在客户。

开展线上直播问答，邀请专家解答养老金规划相关疑问，增强互动性和信任度。

3.与家庭市场和子女渠道合作

针对中青年子女推出"父母养老金规划咨询"服务，让他们为父母安排专业规划。

与亲子平台合作，推出节日促销活动，如父亲节、重阳节期间的优惠套餐。

4.跨界合作与品牌联名

与保险、银行、证券公司联合举办金融理财讲座，扩大品牌影响力。

合作推广政府养老政策，利用政策宣传平台增加客户来源。

◉ 温馨便利贴

所有用户数据均采用高级加密存储，确保财务和个人信息不外泄。定期更新安全系统，并公开透明隐私政策，增强用户信任。

平台操作界面应简洁易用，配备大字号、图标和语音提示功能。同时，提供在线客服和技术支持，帮助老年用户解决在使用过程中遇到的问题。

设立定期回访机制，根据用户财务变化和政策调整更新养老金规划方案，可以邀请专家进行年度评估，确保规划方案符合实际需求。

建立专属社群和论坛，让用户分享养老金规划经验和理财心得，比如定期举办线下沙龙和经验交流会，增强用户黏性和品牌忠诚度。

随着金融产品的不断创新，及时引入新型养老金理财产品，提供全面咨询，建议与健康管理、税务规划等领域结合，打造一站式养老资产配置服务。

32 老年网红孵化营

李女士：今天的演讲真是太精彩了，听她讲得那么有感染力，我突然觉得，老年人也可以当网红，分享自己的生活智慧。

陈先生：其实，我们最近正筹划"老年网红孵化营"，旨在帮助有潜力的老年人发掘自己的故事和才华，通过短视频、直播等形式展示个人魅力，实现自我价值和创业梦想。

李女士：这样的平台可以让我们这些年纪大的人也有机会被关注，还能把生活中的智慧和快乐传递给更多人。真希望我也能参加，学点拍摄和剪辑技巧，跟大家分享我的退休生活经验。

▶ 市场机会

1.老年人群体逐渐崛起，需求多样化

短视频逐渐成为老年人重要的社交和娱乐方式，但市场上针对老年群体的优质内容仍存在巨大缺口。"老年网红孵化营"可聚焦"岁月沉淀"这一差异化赛道，如传统技艺、家庭智慧、年代记忆、适老化生活技巧等，避开年轻网红扎堆的领域，打造具有独特吸引力的银发IP，满

足老年群体表达需求的同时填补市场空白。

2.跨代互动带动内容创新

老年网红不仅可以吸引同龄粉丝，还能通过跨代内容（如爷孙挑战、年代对比访谈等）引发年轻群体共鸣，形成传播裂变。借助微信视频号、小红书、抖音等平台矩阵，既能覆盖中老年用户，又能借助算法推荐触达年轻人，实现"银发内容年轻化传播"，增强影响力和商业价值。

3.低门槛创业模式与轻资产运营

相比传统创业，老年网红模式门槛低、风险小，可通过知识付费、情怀电商、品牌代言等方式变现。例如，将生活经验转化为线上课程，或通过非遗手作、怀旧商品实现电商转化。孵化营可提供标准化工具包和培训，帮助学员快速上手，形成"自生产+裂变分销"的可持续模式。

4.政府扶持与社会关注助力品牌效应

政府推动"智慧助老"和"非遗数字化"的背景下，项目可申请政策补贴，与老年大学、文化机构合作提升公信力。老年网红不仅可以创造经济收益，还能促进代际交流和文化传承，兼具商业与社会价值，更容易获得媒体关注和资源倾斜，形成良性发展循环。

▶ 一步步开启业务

1.建立孵化平台与资源整合

可以搭建专属孵化平台，整合专业培训、内容创作、营销推广、数据分析等功能，形成完整的支持体系。同时，与知名短视频平台、直播平台以及老年传媒机构合作，获取流量和推广资源。定期整合行业专家、成功网红和营销人才，组建跨界辅导团队，为老年人提供一对一指导。

2.设计针对性的培训课程

开设内容创作工作坊，教授老年人如何撰写脚本、讲述故事及拍摄技巧；举办形象设计与社交礼仪培训，帮助老年人提升镜头前的表现力；提供视频剪辑与社交媒体运营课程，讲解如何利用数字工具优化传播效果；定期组织交流沙龙和经验分享会，营造互助成长的氛围。

3.制定孵化计划与成长路径

建立从入营到成型的分阶段成长体系，设定明确的绩效指标，如粉丝数、观看量和互动率，为每位参与者定制个性化成长计划，定期评估并调整创作方向，或者推出"项目路演"活动，邀请投资人和品牌方关注优秀案例，为网红创业提供商业合作机会。

4.开发内容推广与商业变现机制

利用线上平台进行内容推广，定期推出专题活动和挑战赛，提升曝光率；可以建立广告、品牌代言、直播打赏等多种商业变现渠道，实现收入多元化。同时，可以与电商、文化旅游等跨界企业合作，推出联合营销活动，拓宽变现路径。

▶ 客户获取

1.社区渗透与银发圈层激活

依托老年大学、社区活动中心和养老机构，开展"老年网红孵化营"线下宣讲会。

邀请已孵化的"银发榜样"现场展示短视频创作成果，用真实案例打消参与顾虑。

结合广场舞大赛、老年书画展等场景植入招募信息，打造"退休后第二舞台"的参与动机。

2.代际共创式线上传播

在重阳节、春节等节点发起"爸妈教我老智慧"挑战赛，设计子女协助父母拍摄的互动任务，通过亲情关系链实现裂变传播。

在微信视频号投放"老年网红成长日记"系列短片，吸引目标群体，同步在抖音信息流广告中强调"零基础也能学"的低门槛优势。

3.家庭情感化营销组合

推出"孝心成长礼包",子女为父母报名可获赠适老化拍摄三脚架等实用工具,将商业行为转化为情感表达。

联合亲子类"把爸妈捧红"计划,制作趣味教程,降低年轻一代的推广心理门槛。

定期举办"全家总动员"短视频赛,设置"最佳传承奖"等荣誉,激励家庭组团参赛。

4.权威背书与生态共建

与省级卫视合办纪实综艺,展示孵化营学员蜕变过程。

联合老年鞋服、保健食品品牌打造IP,通过商业合作反哺孵化营运营。

争取民政部门相关挂牌,以政府背书增强公信力;在智慧养老展会设置沉浸式体验展位,扩大行业影响力。

▶ **温馨便利贴**

针对老年人的学习特点,培训课程应注重实际操作与互动,避免理论过多;可以采用分阶段教学,循序渐进地提升学员的技术和自信。

在培训过程中注重情感支持,鼓励学员分享人生故事,增强自我认同;可以提供心理辅导和团队互助机制,缓解因技术挑战带来的焦虑。

平台设计要简洁直观,支持大字号和语音提示,方便老年人操作;建议提供全天候客服和技术支持,确保每位学员在使用过程中能获得及时帮助。

鼓励学员根据自身经历和兴趣创作多样化内容，形成独特风格；可以定期举办作品展示和评选活动，激励学员不断进步。

建立定期回访和数据监控机制，评估学员成长和商业转化情况，从而根据市场反馈调整培训课程和运营策略，确保项目长期活力和竞争力。

第八章 科技应用

科技应用

33 AI语音陪伴机器人

34 AI中医舌诊

35

防丢失手环

33 AI语音陪伴机器人

机器人：您好，我是陪伴小智，很高兴和您聊天。

张先生：你看，这机器人不仅能说话，还能记住我的喜好，跟我聊家常，真像个贴心老友。

王女士：之前听孙子提起过这类产品，说是能陪伴老人度过孤单时光。今天亲身体验后，我觉得这技术真是贴心，既有情感交流，又能提醒吃药、安排日程。

技术顾问刘女士：是的，"AI语音陪伴机器人"正是为解决老人孤独、健康管理不足而设计的。它具备自然对话功能，还能通过智能语音识别，结合个性化服务，为老人提供实时提醒和情感支持。

张先生：倒真算是咱们晚年生活中的新伙伴了。

▶ 市场机会

1.老龄化社会对情感陪伴需求迫切

随着老龄化进程加速，越来越多的老年人面临独居或社交圈缩小的问题，AI语音陪伴机器人能通过自然语言对话、情感交互等功能，填补老人心理陪伴的空缺，提供温馨、智能的互动体验。

2.健康管理与日常提醒功能的重要性

许多老年人需要定时服药、监测健康指标，传统的家庭看护存在盲点，而智能机器人可以结合健康管理系统，提醒老人按时服药、记录健康数据，并在紧急时刻发出求助信号，为家庭提供一种有效的健康管理辅助工具。

3.技术普及降低了智能设备门槛

近年来，人工智能技术飞速发展，语音识别和自然语言处理技术不断成熟，成本逐步降低，使得高质量的智能陪伴产品成为可能，这为市场提供了充足的技术支撑，降低了产品的推广难度。

4.跨界融合带动新商业模式

AI语音陪伴机器人不仅可以作为单一产品销售，还能与智慧养老、远程医疗、家庭安防等多个领域结合，形成一站式养老服务生态系统，具有广泛的商业化前景。

▶ 一步步开启业务

1.构建研发与供应链合作体系

与人工智能研发机构、大学实验室和科技企业合作，整合语音识别、自然语言处理、情感计算等核心技术；可以签订长期合作协议，确保机器人硬件、传感器及通信模块的稳定供应。同时，组建跨领域团队，集合技术、产品设计与养老服务专家，共同打造符合老年人需求的产品。

2.设计符合老年人使用习惯的产品

优化语音交互界面，采用大字体、简洁图标和友好语音提示，让老人轻松上手；建议增加健康管理、日程提醒、紧急呼叫等功能，并通过个性化设置，满足不同老年群体的需求。在外观的设计上也要尽量注重温馨、简约风格，避免复杂操作，提升产品美观度和亲和力。

3.开发多场景应用与服务模式

推出家庭版、社区版和养老机构版等多种产品型号，覆盖不同用户场景；可以联合智慧养老平台，整合远程医疗、家庭安防、生活服务等功能，打造全方位的养老解决方案。同时，可以提供增值服务，如语音定制、个性化内容更新和定期维护，让产品更贴合老年用户需求。

4.试点推广与用户反馈优化

选取部分社区、养老院作为试点基地，进行产品体验活动，收集老年人使用反馈，后续可以依据反馈数据不断优化语音交互、功能设置和用户体验，确保产品在市场推广前达到成熟状态。同时，组织培训和指导活动，帮助老年用户及其家属熟悉操作，建立信任和长期使用习惯。

▶ **客户获取**

1.社区与养老机构合作推广

在社区老年活动中心、养老院、老年大学等地开展产品体验和讲座，现场展示智能陪伴机器人的使用效果。

与社区工作人员、社工组织合作，邀请目标用户参加免费体验活动，并提供操作指导和咨询服务。

2.线上营销与社交媒体宣传

开展线上直播问答，邀请专家讲解产品优势和健康管理功能，增强互动和信任度。

结合"智慧养老"话题进行精准广告投放，扩大产品知名度。

3.家庭子女渠道推广

针对中青年子女，通过亲子平台、孝心礼品推广，让子女为父母选购或租赁智能陪伴机器人。

在家庭健康管理、远程照护等场景中进行案例展示，证明产品在提升生活质量方面的实际效果。

结合节日促销，如父亲节、母亲节推出专属优惠套餐，鼓励子女为父母购买。

4.跨界合作与品牌联动

与智慧医疗、家庭安防、家政服务等企业建立合作，共同推广综合养老服务方案。

参加各类养老展会、科技展览和文化活动，现场演示产品功能，提升品牌影响力。

与政府、社会公益组织合作，推出公益试用和补贴计划，增强市场公信力。

▶ 温馨便利贴

产品在上市前必须经过严格的质量检测和安全认证，确保设备在长时间使用中的稳定性。定期更新固件和软件，防止数据泄露和功能失效，确保用户信息安全。

设计符合老年人习惯的操作界面，采用大字号、清晰图标及语音提示功能。提供详细的使用说明和视频教程，帮助不熟悉智能产品的老年人快速上手。

开设24小时客服热线和线上支持，确保用户在遇到问题时能及时得到帮助。

定期更新内容库，如播放经典老歌、朗读古诗文和温馨提示，让对话更贴心。

允许用户根据个人兴趣定制语音内容和功能模块，提供个性化服务体验。

　　建立用户档案，记录用户习惯和健康数据，提供个性化健康提醒和生活建议，推出"陪伴定制"选项，让家属为老人预设特定内容，增加情感互动。

　　强调产品在节能、环保方面的优势，展示绿色智能生活理念；积极参与社区公益活动，向社会传播智慧养老和科技创新的正能量，结合用户反馈，持续优化产品，推动科技与养老服务的深度融合。

34 AI中医舌诊

孙女：爷爷，你看这个设备可以实时分析你的舌象，告诉你目前身体大概情况呢。

陈先生：我以前去中医诊所，医生总是凭舌头来判断我的体质。现在这个AI舌诊仪诊断迅速，而且记录下来的数据还可以存档，方便以后对比。

李医生：正是如此，AI中医舌诊利用高清摄像头和大数据算法，对舌色、舌质、舌苔等进行自动分析，给出客观的健康评估。这样一来，老年人就能更直观地了解自己的体质变化，也能为医生提供参考。

陈先生：这比传统舌诊更直观、科学。以后我就能定期检测，看看身体状态如何变化，预防一些慢性疾病。

▶ 市场机会

1.中医诊断的数字化转型

传统中医舌诊依赖医生经验，存在主观性。AI技术能将这一过程数字化、标准化，为老年人提供更精确的健康分析。随着智能医疗的发展，市场对客观、可量化的中医诊断需求日益增加。

2.健康管理需求与个性化调理

老年人更关注自身健康变化，通过定期检测舌象，可以尽早发现身体异常，从而采取针对性调理措施，个性化健康管理方案逐渐成为市场热点，AI中医舌诊正符合这一趋势。

3.跨界融合促进中医文化传承

将传统中医诊断与现代科技结合，既可以传承中医文化，又可以提升医疗服务水平，迎合了现代老年群体的需求。同时，政府和企业对智慧医疗及中医传承项目的支持，为这一领域的发展提供了有利的政策环境。

2.数据驱动与长期健康监控

AI舌诊设备能记录用户舌象数据，形成个人健康档案，方便长期监控和趋势分析，数据化管理有助于研究中医健康理论，为整体医疗健康产业提供科学依据。

▶ 一步步开启业务

1.技术研发与系统集成

与中医专家、图像处理专家合作，开发符合中医诊断标准的舌像采集与分析系统，引入高清摄像技术、AI算法和大数据分析，实现舌象自动检测与评估。同时，集成云存储功能，为用户建立个人健康档案，便于数据对比和远程诊疗。

2.产品设计与用户体验优化

设计适合老年人操作的简洁界面，支持大字号显示和语音提示，确保使用过程轻松便捷。根据用户反馈持续改进设备外形和操作流程，确保仪器在家庭和社区环境中都能稳定运行。同时，增加个性化报告功能，生成易懂的健康评估结果。需注明"辅助诊断，不能替代执业医师"，便于老年人及家属理解。

3.试点推广与市场验证

在社区卫生中心、老年大学和养老院设立试点，收集实际使用数据和用户意见。

与中医诊所合作，验证设备诊断结果与传统诊断的吻合度，不断优化算法，也可以开展免费体验活动，让更多老年人了解和信赖这一新型检测方式。

4.商业模式与增值服务拓展

采用销售、租赁与订阅相结合的商业模式，降低老年人初期投入风险；推出家庭和社区等不同版本来满足不同规模用户需求。同时，联合健康管理平台，提供定期检测、远程问诊和个性化调理建议，实现一站式健康服务。需要提醒用户这些健康建议仅供参考，具体调理仍需专业中医师指导。

▶ 客户获取

1.社区健康活动与现场演示

与社区卫生中心、老年活动中心合作，举办健康讲座和现场体验活动，让老年人亲自感受AI舌诊的便捷与准确。

安排专家现场解读检测报告，增强用户信赖。

2.线上营销与科普传播

通过微信公众号、抖音、快手等平台发布科普短视频和用户案例，讲述AI中医舌诊如何帮助改善健康管理。

制作图文并茂的健康报告模板，让用户了解数据如何转化为健康建议。

3.与医疗机构及保险公司合作

在中医院、健康管理中心设立设备体验区，直接面向目标用户推广。

与保险公司联合推出健康管理套餐，将AI舌诊作为增值服务的一部分。

4.口碑营销与用户推荐计划

设计"健康守护人"推荐活动，鼓励老年人分享体验，邀请亲友试用，形成良好口碑。

收集真实用户评价，通过线上线下双渠道传播，提升品牌知名度。

▶ **温馨便利贴**

定期校准设备，保证图像采集和分析数据准确无误；设立技术支持热线，及时解决设备运行中的问题。

采用高级加密技术保护用户健康数据，严格遵守隐私保护规定；提供用户数据访问记录和定制化报告，确保信息透明可靠。

优化界面设计，确保老年人能轻松完成操作；建议增加语音提示和手动输入补充功能，确保每个细节都为用户考虑。

利用用户反馈不断更新AI算法，提高诊断准确；建立定期检测机制，帮助用户监控健康变化，及时调整健康方案。

在检测报告中融入中医理论知识，帮助用户理解体质调理的重要性。并提醒用户最终调理仍需咨询中医师，不建议自行调配方案。

通过线上线下结合的方式，举办中医养生讲座，推广传统中医文化与现代科技融合的理念。

35 防丢失手环

社区群里的王叔：今天早上散步时，我找不到路，好在我戴了防丢失手环，一会儿孩子就联系上了我，手环真的很好用！

小孙女：爷爷，你戴的那个手环是我前段时间推荐的，能实时定位，还能设置安全区域，一旦出界就会自动报警了。

社区群里的李阿姨：我之前总是担心自己出门忘记带钱包和手机，现在有了这个手环，还能提醒我带好重要物品呢！

王叔：看来科技真的改变了我们老年人的生活！

▶ 市场机会

1.老年人遗忘问题普遍

随着年龄增长，老年人常常因为记忆力下降而遗失物品，甚至在外出散步时会迷路。防丢失手环能有效降低此类风险，提高老人的安全保障，满足老年人及其家属的迫切需求。

2.移动定位技术成熟，应用前景广阔

现有GPS和蓝牙定位技术已经趋近于成熟，能够精准追踪佩戴者的位置。智能设备与物联网的融合，使得防丢失手环不仅具备了定位功能，

还能实现实时监控老人和紧急提醒他的家人。

3.家庭养老与智慧社区需求增长

越来越多的家庭选择让老年人在社区中享受智能养老服务，防丢失手环正是智慧社区的重要组成部分，智能化设备成为刚需。政府与企业对智慧养老的支持政策，为防丢失手环的推广提供了政策与资金双重保障，市场渗透力强。

4.跨界整合与增值服务潜力

防丢失手环可与健康监测、紧急呼叫、运动追踪等功能集成，打造多功能智能穿戴设备。可以与保险公司、医疗机构合作，推出综合安全服务套餐，市场潜力大。

▶ 一步步开启业务

1.产品设计与功能开发

手环可采用高精度定位技术（如GPS、蓝牙）和实时数据传输，确保位置追踪准确无误。建议设计轻便、易穿戴的手环外形，配合大字号显示屏和触摸按钮，方便老年人操作。同时，集成紧急呼叫、一键报警、重要物品提醒等增值功能，提升整体服务价值。

2.系统集成与数据平台构建

建立后端数据处理平台，实现实时监控和自动报警。可以开发专属APP或小程序，与智慧社区系统联动（如门禁、摄像头等），实现全方位监护，让家属可以随时查看老年人位置，并设置老年人的安全区域，实现多终端联动。通过手机、平板等多设备同步数据，支持历史轨迹回放与异常行为分析，确保信息的畅通。

3.试点测试与用户反馈

在社区养老中心、老年公寓等场所进行试点，收集用户使用体验和反馈，后续根据反馈不断优化产品性能和用户界面，确保每项功能都符合老年人的需求。同时，设立专门客服团队，及时响应试点用户的疑问和建议，提升服务满意度。

4.商业模式与合作拓展

采用销售、租赁及订阅结合的商业模式，降低老年用户初期投入成本。同时，可以与智慧养老、健康管理和紧急救援机构合作，推出综合服务套餐。与保险、安防企业联手，共同打造品牌效应，推出"手环+意外险"套餐，形成长期稳定的盈利模式。

▶ 客户获取

1.社区推广与体验活动

与社区居委会、养老院和老年大学合作，开展防丢失手环现场体验活动，让老年人亲自试用。

组织健康安全讲座，讲解产品功能和使用技巧，增强用户的认知度。

利用社区大屏、宣传单及志愿者推广，直接触达目标群体。

2.线上营销与社交平台传播

在微信公众号、抖音、快手等平台发布产品演示视频、真实案例及用户故事，吸引用户的关注，引发共鸣。

利用短视频和直播形式，展示手环的实时定位与紧急呼叫功能，形成直观印象。

通过精准广告投放，锁定老年人及其子女群体，提高产品的转化率。

3.家庭与子女渠道推广

针对子女用户推出"家人守护计划"，让子女为父母购买或租赁手环，突出"让子女放心"的亲情定位。

通过家庭社交平台、亲子活动等形式宣传，鼓励家庭成员共同关注老年安全。

设立推荐奖励机制，鼓励现有用户邀请亲友加入，提升口碑效应。

4.跨界合作与品牌联动

与智能家居、健康管理及紧急救援机构合作，推出联名产品或综合服务套餐。

参加智慧养老展会、医疗设备展览等，提升品牌曝光率和行业影响力。

联合政府和公益组织，开展安全监护公益活动，增加社会认可度。

▶ 温馨便利贴

定期校准定位系统，确保数据传输准确无误。同时，加强设备抗干扰能力，确保在复杂环境中也能正常运行。

界面设计应符合老年人习惯，采用大字体、图标和语音提示，要提供详细的操作指南和线上客服支持，帮助老年用户快速上手。

加强数据安全与隐私保护，确保定位信息和用户数据不被泄露，设置严格的数据访问权限，家属和用户可自主选择共享范围。

除了基本定位外，可增加健康监测、运动记录等功能，形成全方位智能穿戴设备，结合紧急救援功能，设立一键求助和安全区域提醒，提升安全保障。

可以定期收集用户体验和使用建议，及时优化产品设计和功能，推出固件和软件更新，确保产品始终处于领先水平，满足不断变化的市场需求。